T0267575

PEQUEÑA FILOSOFÍA
PARA NO FILÓSOFOS

Friedhelm Moser

Pequeña filosofía
para no filósofos

Traducción de MACARENA GONZÁLEZ

Herder

Título original: Kleine Philosophie für Nichtphilosophen
Diseño de la cubierta: Raúl Grabau
Traducción: Macarena González

© *2001, Verlag C.H. Beck oHG, München*
© *2003, Herder Editorial, S.L., Barcelona*

2.ª edición, 2017

ISBN:978-84-254-3972-8

Imprenta: QPPRINT
Depósito legal: B-3598-2017

Printed in Spain − Impreso en España

Herder
www.herdereditorial.com

Índice

Prólogo   11

1. El yo
   o *El hombre en el espejo*   15

2. La paradoja
   o *¿Es posible vivir en castillos de naipes?*   27

3. La verdad
   o *La vida en la caja de Skinner*   39

4. El amor
   o *El demonio agridulce*   51

5. La soledad
   o *El hombre que amaba las islas*   63

6. El valor cívico
   o *¿Cuánto coraje puede exigírsele
      a una persona?*   77

7. El trabajo
   o *Sísifo y la piedra filosofal*   87

8. La evolución
   o *¿Adónde viajamos?*   101

9. La mística
   o *La añoranza del cielo*   113

10. La muerte
    o *Mi asesino, mi amigo*   125

11. La libertad
    o *¿Es usted una bola de billar?*   137

12. El juego
    o *El señor de las moscas*   149

13. La lógica
    o *Cuando los mentirosos llaman
       mentirosos a los mentirosos*   161

14. El tiempo
    o *El universo de los relojes*   173

15. La igualdad
    o *La balanza de la Justicia:
       ¿cuna de la justicia?*   185

16. La información
    o *Desinformación y formación*   199

17. El viaje
    o *Vivir es estar en camino*   211

18. La guerra
    o *¿Es el miedo una virtud?*   223

19. La risa
    o *¿Don divino o mueca diabólica?*   235

20. El lenguaje
    o *El disfraz de los pensamientos*   249

21. La filosofía
    o *Meditaciones en el estadio*   261

Prólogo

A los quince años, cuando empezaba a interesarme por la filosofía y adquirí en Karstadt un tomito barato titulado *Kant. Escritos escogidos*, tenía yo una visión peculiar de esta disciplina. Creía que la filosofía arrojaba claridad sobre la confusión del mundo, que enseñaba al ser humano distintos caminos para alcanzar la felicidad y que ofrecía una respuesta a las preguntas últimas.

Con el correr de los años mi visión de la filosofía cambió. Ahora ya no diría que la tarea central de la filosofía es deducir y comprobar verdades. ¿Y entonces cuál es?

Permítame referirle un par de episodios de mi vida filosófica cotidiana:

Voy conduciendo por la ciudad, en plena época de campaña electoral. Cada dos farolas sonríe un candidato o una candidata. Los eslogans son «Seguridad para Alemania» y «No lo haremos todo distinto, pero haremos muchas cosas mejor». El conjunto no es particularmente original, y me pregunto por qué no se les ocurrirá nada más ingenioso a políticos tan listos y estrategas publicitarios tan creativos. Hasta que me doy cuenta de que el ingenio puede llegar a ser contraproducente. La mayoría de los electores –y de ellos se trata– quieren fiabilidad y simplicidad. Es por eso que en la campaña electoral sería un signo de estupidez mostrarse muy inteligente. Cuanto más astuto es uno, más mediocre se muestra. Me divierte esta pequeña paradoja, de modo que probablemente esbozo una sonrisa tan poco inteligente como la de los personajes de papel que flanquean la acera.

¿Será ésa la razón de que una bella mujer de piel oscura me sonría desde la zona peatonal? Me siento tentado de ir tras de ella, pero de pronto me asalta una idea. Es una idea fascinante, del investigador de la evolución humana Richard Dawkins. Según su opinión, todos los seres vivos –incluido el ser humano– no son más que una «máquina de supervivencia» para genes. Y si una mujer morena me parece atractiva es porque mis genes «saben» que la fusión con cromosomas exóticos aumentaría abruptamente su cotización en la bolsa de la evolución. Eso lo dice Dawkins; y yo les digo a mis genes: «Portaos bien, que aún soy *yo* el que manda en casa». De todas formas, no tengo tiempo. He quedado a comer con unos amigos.

El matrimonio que está frente a mí en el restaurante italiano se ha comprado una casa y lleva meses dedicándose a reformarla y amueblarla. Así que la casa es el tema principal de la conversación.

–Y tú, ¿no quieres comprarte una casa? –me preguntan–. A fin de cuentas, el alquiler es dinero perdido.

A mí me rondan por la cabeza las ventajas de no tener casa, pero no tengo ganas de iniciar un debate de fondo a la hora del postre. Por eso, digo:

—Ya me he comprado una casa. Muchas casas. Antes, cuando jugaba con mi hermana al Monopoly.

La idea podrá parecer ridícula, pero no es del todo absurda. El juego simula el mundo, ¿y acaso el mundo no simula el juego? Me propongo ir a la biblioteca de la universidad después del café y buscar bibliografía sobre el tema del juego. Me parece que «juego» –al igual que «paradoja» o «evolución»– es una buena palabra clave para el libro que tengo en mente (y que usted tiene ahora en sus manos).

Estos episodios sirven para demostrar que la filosofía tiene mucho que ver con las derivas del pensamiento. Al filósofo le gustan los rodeos y los extravíos. Mientras pasea, suele olvidar a dónde quería ir. Va por la vida como quien recorre, por primera vez y sin prisa, las calles de una ciudad extraña. Lleva una guía turística (la literatura filosófica), pero pocas veces la consulta. Pues su interés no se limita a las curiosidades que todo el mundo conoce. Un pozo pintoresco que descubre en un patio trasero quizá le conmueva más que la pinacoteca entera.

Este libro intenta inducirle a que se dé una vuelta por algunos de los barrios más interesantes de la filosofía. Lo único que debe usted traer es ganas de emprender algo nuevo y un poco de tranquilidad. Y, por favor, no olvide el consejo de Schopenhauer: «...las ideas puestas por escrito no son más que las huellas que un paseante deja en la arena: uno puede ver el camino que ha tomado, pero para saber lo que él ha visto a lo largo del camino, ha de usar sus propios ojos».

1
El yo
o
El hombre en el espejo

«He intentado librarme de ese antiguo, polvoriento, gru-
ñón y perezoso círculo mágico de mi yo en el que estoy
condenado a girar, pero todo –por más normal que fuese lo que intentaba hacer–, absolutamente todo, adqui-
ría de inmediato mi color característico, mi naturaleza
y mi olor. Sólo podía hacer eso y sólo podía hacerlo así.
Siempre lo mismo, siempre lo mismo. Si quisiera pegar-
me un tiro o ahorcarme, cosa que a veces me planteo tan
seriamente como si debo ir o no a la ciudad, tampoco
lo haría como aquel soldado que se ahorcó el año pasado en Sasek, sino de la manera que me es propia, es decir,
de alguna manera antigua, estúpida, gruñona y triste.»

(León Tolstoi, *Apuntes de un marido)*

Empecemos por el origen de todos los sentimientos y pensamientos: ¡empecemos por el yo!
¿Empezar por el yo? ¿Está permitido? Una de las
más estrictas normas de conducta de mi niñez era: «No

empezar nunca una carta ni una redacción con "yo"». Empezar con «yo» demostraba arrogancia, y la arrogancia demostraba estupidez. Aunque uno sólo quería escribir: «Yo espero que os vaya bien». O: «Yo fui a casa de mi tío Luis en las vacaciones de verano.» ¿Y Luis XIV («El Estado soy yo»)? ¿Acaso era un modelo de modestia? Pero no, no había nada que hacerle. El yo era desterrado del principio y tenía que perderse en una multitud de palabras. Y en las enumeraciones siempre debía ponerse al final de todo. A los que infringían este principio se les consideraba unos burros. El burro delante para que no se espante, se decía para burlarse de los niños que no habían aprendido la lección.

El yo era un leproso. Pero aún más repugnante que el yo desnudo era el yo que tenía deseos o que –Dios no lo quiera– planteaba exigencias. Cuando la tía Waltraud preguntaba «¿Quién quiere otro trozo de tarta?», un espontáneo «¡Yo!» era, con toda seguridad, la respuesta incorrecta. Al que se abría paso a codazos hasta la mesa de la tía Waltraud, le tocaba ser el último, tenía que contentarse con el trozo más pequeño y, además, aguantar una bronca: «¡No seas egoísta!». Y mi prima Gaby esbozaba una sonrisa maliciosa.

¡Ay, tía Waltraud! Si en aquella época hubiese sido un poco más espabilado, te habría contestado: «Pero es que *debo* ser egoísta. De mayor quiero ser filósofo, y en esa profesión lo principal es el yo. Mi egoísmo es un indicio seguro de mi vocación filosófica. Y ahora, en nombre de Nietzsche, ¡dame tarta y haz el favor de ponerme el trozo más grande!».

Así habría podido salirme con la mía. Pero, en lugar de eso, me ponía colorado: una clara señal de mi capitulación con el superyó. Pues mi yo aún estaba bastante poco desarrollado, era un débil yo que acababa de salir al mundo y todavía andaba con paso vacilante.

*

¿A partir de cuándo tiene uno realmente un yo? Según dicen, hay gente que se acuerda de su propio nacimiento. Claro que también habrá quien afirma haber sido Alejandro Magno o la hija del faraón en una vida anterior (por lo visto, los soldados rasos y los esclavos nunca se han reencarnado). Lo cierto es que en el nacimiento el yo brilla por su ausencia. El hecho de que a uno le hayan cortado el cordón umbilical no significa que ya tenga conciencia de sí mismo. En los cambia-pañales y en las cunas también es raro encontrar yoes.

El yo se revela y se descubre en algún punto intermedio entre el chupete y el primer día de escuela. Yo no recuerdo ese momento, así que mejor cedámosle la palabra al filósofo poeta Jean Paul: «Una mañana, cuando era muy pequeño, me encontraba en la puerta de casa mirando hacia la izquierda, hacia el sitio donde estaba la leña, cuando de repente el rostro interior "yo soy un yo" pasó ante mí como un rayo y desde entonces sigue allí, iluminando: fue entonces cuando mi yo se vio a sí mismo por primera vez y para siempre».

La frase «yo soy un yo» tiene lo suyo, si se la mira desde un punto de vista filosófico. La misma palabra se usa de dos modos muy diferentes: «yo» no es lo mismo que «un yo». En este sentido, debo retirar lo dicho en el penúltimo párrafo. El niño que está en la puerta de su casa en el segundo *anterior* al «rayo» sí que posee un «yo», pero sólo es un pequeño «yo». Ese yo mira absorto hacia fuera, hacia la pila de leña. Ese yo es una mirilla a través de la cual el pequeño niño ve el mundo. Una mirilla móvil con estetoscopio integrado, y otros extras incluidos. Una mirilla que se abre al nacer y se cierra al morir.

El pequeño «yo» no es muy poderoso que digamos. Las gallinas que picotean granos en el patio son mirillas similares; hasta la hormiga que corre por la pila de leña tiene ojos en la cabeza y un objetivo que alcanzar.

El gran «yo», el «yo» que le interesa a la filosofía, es algo radicalmente distinto. Se forma mediante una suerte de fisión nuclear. Así de impresionantes son las consecuencias de este proceso. El pequeño «yo» se parte por la mitad y se presenta delante de sí mismo. De golpe, se encuentra ante un espejo interior y se asusta de su reflejo atroz. En el segundo primigenio de la personalidad, la mirilla desaparece en la mirilla, y surge un nuevo mundo, un gabinete de espejos, el universo del gran yo.

El disparatado abismo entre el pequeño yo y el gran yo constituye una paradoja fundamental de nuestra vida. El pequeño yo es sólo una aguja en el pajar del tiempo y el espacio, una fortuita y fugaz aglomeración de átomos en el torbellino de las galaxias, un pestañeo en el sueño de una sombra. El gran yo es más infinito que lo infinito: la Tierra forma parte del sistema solar, el Sol sólo es una de las miles de millones de estrellas de la galaxia y, excepto algún que otro astrónomo loco, ¿quién cuenta las galaxias que hay en el universo? El gran yo alberga en sí todo ese mundo ilimitado, conoce mundos alternativos comunicándose con otros yoes y, por último, posee la capacidad de imaginarse tantos mundos posibles como desee. El gran yo es realmente *muy* grande. Cada una de las personas que tiene un gran yo siente que lo es todo y más que todo. Eso le enorgullece y, a la vez, le desanima. ¡Qué espantoso, qué pena tan grande sería perder ese fenomenal gran yo! Los predicadores de sectas, que año tras año nos advierten: «¡Haced penitencia, que el fin del mundo está próximo!», a la mayoría de nosotros no nos inspiran otra cosa que una sonrisa de desprecio. Y, sin embargo, el fin del mundo es una realidad. Se produce cada segundo, en algún lugar del mundo. Cada vez que un ser humano se vuelve hacia la pared y exhala su último suspiro, un mundo se sumerge en la nada, un infinito desaparece para siempre.

Pero hay un consuelo: en cada embrión nace un nuevo cosmos.

*

¿Es un soplo de infinito lo que nos hace estremecernos la primera vez que miramos el espejo interior (y la primera vez que el espejo interior nos mira a nosotros)?

Los espejos son inquietantes. Una de las más bellas historias de horror que conozco es *El extraño* de H.P.

Lovecraft. Un joven crece en un antiguo castillo abandonado, de aspecto aterrador. Las copas de los gigantescos árboles que rodean el castillo no dejan pasar la luz del sol. Una única torre escarpada se alza por encima del techo de hojas. Un día el joven sube a la torre. Tras una escalada inacabable, no se encuentra sobre una plataforma panorámica a una altura vertiginosa, tal como esperaba, sino a ras de tierra. Por primera vez ve la luna llena. Vaga por el campo y encuentra un castillo donde se celebra una fiesta. En cuanto entra en el salón de baile, los invitados huyen dando gritos. El joven vuelve la cabeza y descubre la causa de su pánico: un monstruo horrendo. A punto de desmayarse, avanza tambaleante hacia el monstruo, levanta la mano para defenderse y toca la pulida y fría superficie de un espejo. Los espejos son crueles.

Y peligrosos. El bello Narciso se inclina sobre una fuente y ve en el agua a un bello muchacho. Es amor a primera vista. Pero cada vez que Narciso intenta abrazar a su amado, su imagen se desvanece. Cuando ya es bastante tarde, se da cuenta de la verdad: «Pero si soy yo... ¡Me he enamorado de mí mismo!». Narciso muere con el corazón partido. Ni siquiera en los infiernos encuentra la salvación. Durante toda la muerte, sigue mirando fijamente el negro espejo del Éstige.

«No te mires tanto en el espejo, que se te quedará la cara tiesa», era otra de las máximas de tía Waltraud. Cuando yo era joven, pensaba que se trataba de una oscura superstición. Ahora pienso que podría haber algo de verdad en ello. Mirarse durante varios minutos a los ojos tiene algo de enervante. El negro de las pupilas ejerce una atracción inquietante. El que no puede apartar la vista sucumbe a la fascinación de lo insondable. Dicen que es posible caer en estados catalépticos mediante autohipnosis. Los que tienen suerte acaban en el departamento de psiquiatría. Año tras año desaparecen miles de personas sin dejar rastro. ¿Cuántas de ellas habrán pasado «a través del espejo» como Alicia? Los espejos son misteriosos.

Y comprometedores. La gente que se mira mucho al espejo resulta ridícula. ¿O qué pensaría *usted* de alguien que, mientras anda por la ciudad, va deteniéndose delante de cada escaparate para controlar su imagen en el cristal? ¡Ah!, ¿usted también es de ésos? Bueno, a decir verdad, yo también lo hago de vez en cuando. Por ejemplo, cuando vuelvo de la peluquería. Pero entonces sé muy bien que corro el riesgo de hacer el ridículo y me miro de reojo, con disimulo. Es probable que esto resulte doblemente ridículo.

*

Con la exploración de la propia psique sucede algo similar: no sirve de nada cavilar continuamente sobre quién es uno *en realidad*. Pues, así como en la autoobservación narcisista la preocupación por el efecto anula el efecto, el yo del que se explora a sí mismo se reduce a medida que aumenta su necesidad de explorarse. Un psicoanálisis excesivo debilita la psique. Una persona no encuentra su yo poniendo patas arriba su vida interior, lo crea poniendo algo en pie en este mundo. Un yo que sólo se ve a sí mismo acaba destruyéndose a sí mismo.

En este círculo vicioso también puede caer el filósofo, si se descuida. Su principal interés –en tanto base de toda investigación posterior– se orienta hacia las condiciones y limitaciones de la percepción y el pensamiento. Ahora bien, la percepción y el pensamiento no existen en el vacío, sino que son funciones de la inteligencia humana. De modo que el filósofo examina de cerca al ser humano en distintos momentos de percepción y pensamiento. Y como cree que sólo puede mirar entre bastidores el cerebro de una única persona, hace de esa única persona su objeto de investigación predilecto. «Obsérvate a ti mismo», aconsejaba Fichte, «aparta tu vista de todo lo que te rodea y concéntrate en tu interior: es el primer requisito que impone la filosofía a su aprendiz». Y, llueve sobre mojado, Friedrich Schlegel añade: «El estudio de todas las fuentes de la filosofía nos induce a considerar la autocontemplación como el punto de partida más seguro de la filosofía».

El pintor que se retrata a sí mismo a partir de su imagen reflejada sólo puede representarse en el momento en que pinta, con la mirada atenta, escrutadora. El filósofo idealista se estudia a sí mismo, pero sólo en el momento en que se está estudiando. La introspección controla a la introspección. Un método que hace que los perros que intentan morderse la cola resulten muy filosóficos.

*

Todas las personas que reflexionan mucho sobre sí mismas, tarde o temprano, acaban pensando que deberían narrar los avatares de su vida. Numerosos filósofos escribieron autobiografías: Agustín, Rousseau, Mill, Russell, Feyerabend, por mencionar sólo un puñado. A mí me encanta este tipo de libros, porque demuestran que la filosofía, por más que tenga la cabeza en las nubes, siempre tiene los pies sobre la tierra. Las autobiografías destruyen la quimera de que el yo está satisfecho de sí mismo y se domina a sí mismo. *No sólo* somos lo que hemos llegado a ser, *también* somos lo que hemos llegado a ser. Y lo que hemos llegado a ser depende principalmente de las personas que hemos conocido, de las experiencias que con ellas hemos vivido y del modo en que valoramos dichas experiencias.

Únicamente quien toma nota de su historia puede comprender quién es. Las personas que padecen el «síndrome de Korsakov» no tienen memoria a corto plazo y a cada segundo deben construirse una nueva biografía, inventar un nuevo yo. Sus construcciones fantásticas no tienen puntos de referencia internos, son sólo reflejos de impresiones externas. Los pacientes con síndrome de Korsakov no tienen noción de su edad ni saben dónde están. Están perdidos en el espacio y en el tiempo. Son individuos sin yo.

*

La extinción del yo no siempre es una catástrofe existencial. También puede conducir al máximo nivel de humanidad. En eso coinciden la filosofía oriental y la mística occidental. Pues por más grande que sea el yo, siempre presupone un «no yo» que lo delimita. Y por más orgulloso y seguro de sí mismo que sea el yo en vida, ama la vida y ante la muerte pierde toda su grandeza.

El yo es un castillo con 365 salas magníficas. Pero es fácil que quien *posee* un castillo sea *poseído* por su castillo. Se encierra en él con la ilusión de que así podrá librarse de la enfermedad, la vejez y la muerte. El sabio habita el castillo como un huésped que sabe que en cualquier momento tendrá que seguir su camino, o se marcha por su propia iniciativa para vivir «sin techo», como aquel príncipe indio que no se convirtió en buda hasta que no estuvo vestido como un mendigo. El que posee un castillo es rico. El que abandona voluntariamente el castillo es más rico aún, pues tiene el mundo entero a su disposición y ya no tiene nada que perder. El que no teme la pérdida del yo –la muerte– no le teme a nada ni a nadie. El último triunfo del yo es la victoria sobre sí mismo, según lo confirma el siguiente poema zen:

«Desde antes que empiece la lucha,
la victoria ya es de aquél
que no piensa en su yo,
que vive en el origen, en el no yo».

*

Hace poco volví a visitar a tía Waltraud. También estaba mi prima Gaby, que últimamente ha empezado a interesarse por la filosofía posmoderna. «Yo he traído un trozo de pastel», dije, apaciguador. Gaby me miró severamente: «No deberías usar con tanta negligencia la palabra "yo". Según Foucault, el sujeto autónomo ya no existe: "El yo ha estallado"».

Me di cuenta de que otra vez estaba poniéndome colorado.

Para seguir leyendo recomiendo:

Tecnologías del yo y otros textos afines de Michel Foucault (Barcelona 1991).

2
La paradoja

o

¿Es posible vivir en castillos de naipes?

«Es probable que suceda lo improbable.»

(Aristóteles)

¿Qué es paradójico? Eso está más claro que el agua: paradójica es una cancioncilla infantil llena de incongruencias:

«Había luna clara en una noche oscura,
la nieve cubría los verdes campos,
cuando un coche dobló la esquina
lentísimo como un rayo».

También es paradójico que la mujer de la limpieza sea sucia, que un papagayo diga «cucú» o que un lobo tenga piel de cordero; y alguien que jamás ingresaría en un club que admita socios como él; alguien que sólo está contento cuando tiene algo de qué quejarse; alguien que odia a todos los que le quieren.

Paradójicos son el secreto a voces y el silencio elocuente. ¿Y qué es un sádico que le niega el favor al masoquista que le pide que le pegue?

Ahora que hablo de sadismo, me viene a la memoria una historia paradójica, la historia de mi compañero de clase Edgar Fuchs. Edgar era un poco reprimido y no creía que nadie pudiera amarle *realmente*. Pues bien, tuvo la suerte de que una chica se enamorase de él. Se llamaba Teodora y adoraba a Edgar. Sin embargo, Edgar dudaba de ella. Para ponerla a prueba, empezó a tratarla como a un perro. «Si *realmente* me quieres, lo soportarás», le decía. Y Teodora lo soportaba todo. Después empezó a pegarle. Y ella también lo soportó. Pero nada convencía a Edgar de que ella le amaría *pase lo que pase*. En algún momento tenía que acabar su amor. Un día Edgar la llevó a un mirador y le dijo: «Si *realmente* me quieres, salta». Teodora saltó al vacío, y Edgar, nada satisfecho, se alejó despacio hacia el ascensor.

*

«Paradoja» es una de mis palabras favoritas. En primer lugar, me permite presumir de mis conocimientos etimológicos: el antiguo vocablo griego *dóxa* es de la misma estirpe que *dógma* y significa algo así como «opinión, prejuicio, creencia»; *pará* quiere decir «contra»; así que todo junto es algo «contrario a la opinión preconcebida, increíble». En segundo lugar, tengo debilidad por lo extraño y lo macabro, lo grotesco y lo oculto. Muchas palabras inquietantes y sospechosas comienzan con «para»: no sólo paradoja, sino también paranoia, parálisis, parásito, parapsicología, paradigma y paralactopanoramagrama. Hasta el paraíso tiene sus defectos. Como es sabido, en el centro del paraíso había un árbol con frutos prohibidos y un sistema de alarma acústico: «Si coméis los frutos de este árbol o los probáis, moriréis».

Al ombligo del Jardín del Edén se lo conoce como «árbol de la ciencia». Aunque mejor hubiese sido llamarlo «árbol del paradojismo». Pues ¿qué hace una planta de frutos mortíferos en medio del paraíso? Parece tan fuera de lugar como un dispositivo de disparo automático en el cuarto de los niños. ¿O será que el árbol tiene un sentido más profundo? Parece que sí. El llamado paraíso es en realidad una trampa, la trampa del *pecado original*. Jehová les gastó una broma pesada a Adán y Eva. El oráculo también le tomó el pelo a Edipo. La advertencia sólo provoca la ruina. Todas las prohibiciones incitan a la desobediencia. La mujer de Barba Azul abrió la séptima puerta. Semele se empeñó en ver el verdadero rostro de Zeus y murió abrasada. Por el contrario, no hay nada menos atractivo que lo permitido, lo evidente, lo que existe en abundancia. No hay nadie más desgraciado que un *voyeur* en una playa nudista.

Los seres humanos reaccionan de forma paradójica. Por eso, si uno quiere manipular a alguien, una estrategia paradójica suele conducir al éxito. Como en el siguiente caso que registró Mark Twain:

Tom tenía que pintar una cerca. Era una tarea aburrida que le habían impuesto como castigo. Además, le atormentaba la idea de que los demás niños tuviesen el día libre. Tarde o temprano, pasarían por allí y se burlarían de él. Era una situación desesperada. Al cabo de un rato, apareció el primer chico, Ben Rodgers. Ben se puso detrás de Tom y se mofó:

–¿Qué? Te han pillado, ¿eh?

Tom se hizo el sordo y siguió pintando con entusiasmo artístico.

–Yo me voy a nadar –dijo Ben–. Y tú tienes que trabajar.

Tom fingió sorpresa:

–¡Ah! Eres tú, Ben... ¿Trabajar? ¿A qué te refieres con eso de trabajar?

Y empezó a alabar la pintura como si fuera un gran arte, hasta que Ben acabó preguntando:

–¿Puedo pintar un poquito yo también?

Tom se dejó engatusar por una manzana. Poco a poco, fueron apareciendo los demás niños. Todos querían participar en la atracción de la pintura. Oferta y demanda. Por la tarde, la cerca resplandecía inmaculada. Alquilando el pincel, Tom había acumulado una fortuna en canicas, petardos, una rata muerta, etc. etc. Y había aprendido una importante lección: lo que parece un trabajo pesado cuando uno *debe* hacerlo, se convierte en un placer cuando uno *puede* hacerlo. Los seres humanos sólo consideran deseable lo que es difícil de conseguir. Si las patatas fuesen tan raras como las trufas, serían igualmente caras.

También puede ser cara una terapia. Pero si uno sólo padece bloqueos mentales, puede ahorrarse el dinero poniendo en práctica una sencilla receta. La receta se llama «intención paradójica» y funciona así:

Supongamos que sufre usted de insomnio. Todo el día se siente rendido de fatiga. Su cuerpo pide a gritos dormir. Pero cuando se acerca la noche, se apodera de usted el llamado temor a la cama, el temor a pasar otra noche en vela. Este temor le inquieta hasta tal punto que, cuando está en la cama, efectivamente no pega ojo. Usted quiere quedarse dormido de forma consciente y activa, pero dormirse es justamente un proceso inconsciente y pasivo. La ansiedad por dormir nos impide dormir.

¿Qué hacer? Trate usted al sueño como Tom Sawyer a Ben Rodgers. Dele la espalda a Morfeo. Propóngase pasar toda la noche reflexionando sobre lo divino y lo humano. Si esto le resulta muy arduo, rememore sus últimas vacaciones o planifique las próximas. Probablemente, el sueño le alcance antes de llegar al aeropuerto.

La «intención paradójica» también ha dado buenos resultados con problemas de alcoba de otra índole, así como con el miedo a sonrojarse y la sudoración. El temor a la pérdida no se combate aferrándose, sino soltándose. Todas las personas pueden nadar. Si alguien se ahoga, es porque el temor a ahogarse le lleva a agitar los brazos y las piernas con desesperación, en lugar de quedarse flotando en el agua relajado. Un «muerto» no se hunde. Pedro no se cayó en el lago Genesaret hasta que dudó. Su maestro era un experto en intención paradójica: «Amad a vuestros enemigos. Haced el bien a los que os odian».

*

El Nuevo Testamento y la teología son una mina de paradojas maravillosas. La culpa la tiene el omnisciente, omnipotente y misericordioso Creador. «¿Puede Dios crear una roca tan pesada que ni él mismo sea capaz de levantarla?» Ante semejante *koan**, hasta los padres de la Iglesia se rindieron con un hondo suspiro: «Creo, *porque* es absurdo». Para un mortal normal, resulta imposible comprender la verdadera esencia de Dios. Por eso, la teología se sirve de un truco: «Como el absoluto es demasiado grande para que podamos comprenderlo, sólo lo concebimos *como algo inconcebible*», escribió Nikolaus von Kues. Lo único que sabemos de Dios es que no sabemos nada sobre Él. ¿No sería gracioso que realmente fuese un viejo con barba?

También es posible que se parezca a aquel barbero legendario, del que Bertrand Russel escribió: «Afeitaba a todos los hombres del pueblo que no se afeitaban solos». Esta frase suena razonable. Sólo se vuelve problemática cuando uno pregunta: «¿Y qué pasaba con el barbero? ¿Se afeitaba solo, o no?» Si no se afeitaba solo, tenía que afeitarse a sí mismo. Y si se afeitaba solo, no podía afeitarse a sí mismo. El barbero se encontraba en un apuro, hasta que Russell visitó el pueblo y estableció que la prescripción arriba mencionada no podía aplicarse al propio barbero. Esa regla –«Un conjunto no puede contenerse a sí mismo como elemen-

---

* En la tradición budista zen, el término designa una ocurrencia paradójica del maestro que está destinada a provocar una suerte de cortocircuito mental en su discípulo. *(N. de la T.)*

to»– rige incluso para el Papa: la doctrina de la infa-
bilidad *ex cathedra* no puede aplicarse a sí misma. A
no ser que ocurra un milagro.

*

En el lenguaje coloquial, se habla de paradojismo
cuando una frase contradice el sentido común. Así que
muchas afirmaciones correctas de la lógica y de las
matemáticas parecen absurdas. Un ejemplo: salta a la
vista que el conjunto de los números naturales (1, 2,
3, 4, 5, etc.) se puede dividir como una cremallera
en el conjunto de los números pares (2, 4, 6, etc.) y el
conjunto de los números impares (1, 3, 5, etc.). El conjunto de los números pares es tan grande como el
conjunto de los números impares, y cada uno de ellos
es la mitad de grande que el conjunto de todos los
números naturales. Eso es lo que uno podría pensar.
Pero entonces las Matemáticas agitan su varita mágica y –¡álgebracadabra!– todo se ve distinto. A cada
número natural le corresponde un número par:

  1 se corresponde con 2;
  2 se corresponde con 4;
  3 se corresponde con 6;
  4 se corresponde con 8;
  y así hasta el infinito.

No hay ningún numero natural que no se pueda
duplicar sin problemas. En otras palabras: el conjunto de los números naturales no es *más grande* que el
conjunto de los números pares. Y con los números

impares ocurre otro tanto. El infinito es infinito. Más grande, no hay nada.

*

La paradoja hace tambalear nuestra confianza en las cosas más evidentes de la vida cotidiana. Por esa razón, desde siempre ha sido una de las herramientas más usadas en filosofía. Zenón de Elea ya afirmaba que una flecha disparada está quieta en cada punto de su movimiento y que, por tanto, no se mueve de su sitio. Una idea disparatada, pero difícil de contradecir desde el punto de vista de la lógica. Las paradojas más espectaculares de la actualidad provienen de la física teórica. Se dice que si un astronauta atravesara el universo aproximadamente a la velocidad de la luz, al regresar a la Tierra sería más joven que su hermano gemelo. Increíble, pero Einstein.

Las paradojas surgen en el punto de encuentro entre la realidad y la imaginación. La naturaleza de por sí no se permite contradicciones. En todo caso, esperamos que así sea. Si en algunos experimentos la luz se presenta como un conjunto de partículas y en otros como un caos de ondas, no atribuimos estas incongruencias a la versatilidad de la luz, sino a las insuficiencias de nuestras teorías. No existen razones lógicas para que el cosmos esté libre de contradicciones y elementos anárquicos. Nuestra búsqueda de una fórmula última que lo explique todo, tanto la creación del universo como los procesos que tienen lugar a nivel subatómico, se basa en motivos religiosos. La «teoría del todo», con la que sueñan los científicos, no sería más que la versión moderna de un creador omnipotente.

*

Sea como sea, en la creación del ser humano parece haber andado metido el diablo, «el espíritu que siempre niega». Somos criaturas profundamente divididas, paradójicas. Cuerpo y espíritu. Cosmos y caos. Tronco cerebral y cerebro. Cielo e infierno. Pulsión de vida y pulsión de muerte. Toda la vida perseguimos la felicidad, y la felicidad viene detrás de nosotros. Y si, a pesar de eso, alguna vez logramos atraparla, hacemos todo lo posible por destruirla de manera dramática. Todos los castillos de naipes tienen un doble sentido. Necesitamos nuestra máxima concentración para construirlos y derribarlos nos proporciona una perversa satisfacción. Un rompecabezas acabado es más aburrido aún. Paz, alegría y crepes de por vida es tan insoportable como tomar todos los días champán y caviar. ¿Un nuevo mundo hermoso en perfecta armonía? ¡Qué visión más horrosa!

¡Ah, Marlene!, canta una vez más para nosotros:

> «Si pudiera pedir un deseo,
> me vería en un apuro,
> no sabría si pedir
> malos o buenos tiempos.
> Si pudiera pedir un deseo,
> querría ser *un poco* feliz.
> Pues si fuese demasiado feliz,
> añoraría estar triste».

35

Albergamos en nosotros la contradicción, tanto como el deseo de eliminar toda contradicción. Lo cual sería, a su vez, una contradicción.

El maestro de lo macabro, Edgar A. Poe, sintió profundamente la escisión del ser humano y su propensión a la autodestrucción. En «El demonio de la perversidad» dice: «No hay en toda la Naturaleza ninguna pasión de tal poder demoníaco, como la que siente un ser humano que está sobrecogido al borde de un abismo y, en tal estado, considera la posibilidad de saltar. Ceder aunque sólo sea un instante a la tentación de la *idea* significa estar irremediablemente perdido. Pues la tranquila reflexión nos impulsa a renunciar a ella y es precisamente *por eso* que *no podemos*. Si no hay ningún brazo amigo que nos retenga o si no logramos apartarnos del abismo reuniendo súbitamente todas nuestras fuerzas, saltamos; y saltamos hacia nuestra más completa perdición».

*

A propósito de perdición, ¿le interesa saber qué fue de mi amigo Edgar Fuchs? ¿Sí? ¡Muy bien! ¿No? Es igual, de todos modos se lo contaré. Pues, después de la tragedia con Teodora, Edgar necesitó una terapia. La terapia invirtió por completo su personalidad. Y Edgar como tenía un no sé qué, pronto volvió a tener novia. Se llamaba Dorotea y adoraba a Edgar. Pero a Edgar empezaron a carcomerle nuevas dudas: estaba claro que Dorotea le amaba, pero ¿le amaba realmente *por lo que él era?* Quizá sólo estaba con él por su dinero.

Edgar regaló todo lo que tenía a los pobres. Dorotea le amó más todavía por eso. ¿Y si sólo amaba su cuerpo? Edgar dejó de lavarse, se tatuó una araña gigante en la cara y se castró con un serrucho. A pesar de todo, Dorotea seguía amándole. Pero tal vez, cavilaba Edgar, sólo le amaba por su gran inteligencia. Edgar se pegó un tiro en la cabeza que paralizó todas sus funciones cerebrales superiores. Desde entonces, tiene la mente de una ostra. Dorotea le cuida con amorosa entrega.

Pero ¿ahora le ama realmente *por lo que él es?* ¿Acaso él no eliminó a su yo? Quizá ella nunca le amó *a él,* sino a su propio *sueño del gran amor,* en definitiva, *a sí misma...* Es que en el amor (y en la filosofía) sólo se puede estar seguro de una cosa: de la duda.

Para seguir leyendo recomiendo:

Qué es filosofía, de José Ortega y Gasset (Madrid 1995)

3

La verdad

o

La vida en la caja de Skinner

«El vino es fuerte, el rey es más fuerte que el vino, las mujeres son más fuertes que el rey, pero la verdad es más fuerte que todo.»

(Martín Lutero)

Antes, todo era más sencillo. Estaba la Biblia, y la Biblia era la Palabra de Dios, y Dios era omnisciente y demasiado honesto como para engañar a los seres humanos. De ahí que cada frase de la Biblia contuviera la pura verdad, una verdad que hasta los que no eran cristianos podían reconocer. Pues ya lo dice el Corán: «Él (Alá) te ha revelado el Libro con la Verdad, en confirmación de los mensajes anteriores. Y antes reveló la Torá y el Evangelio, como norma para los hombres».

Lo único que había que hacer era traducir e interpretar correctamente la Palabra de Dios. Y aunque alguien pudiese dudar de que Matusalén haya vivido 969 años, las grandes verdades de la Sagrada Escritura estaban fuera de discusión, pues se confirmaban cada día por medio de la experiencia: la Tierra era un disco plano, la mujer estaba subordinada al hombre y los designios de Dios eran insondables.

La propia Biblia constituye un buen ejemplo de la imponderabilidad de Dios. ¿Por qué habrá difundido la verdad de forma *escrita,* a pesar de que el 99 por ciento de la población mundial era analfabeta? ¿Tendría debilidad por los libros desde que grabó con su propio dedo los Diez Mandamientos? ¿O querría expulsar a los niños del Paraíso (y mandarlos a la escuela para que, junto con la ortografía, aprendieran la ortodoxia)?

Ahora que hablo de «ortodoxia», me viene a la memoria la historia de Rehbein. Rehbein era nuestro profesor de religión. Un día nos leyó algo del Nuevo Testamento. Jesús ante Pilato. Jesús dice: «Yo para esto he nacido, y para esto he venido al mundo, para dar testimonio de la verdad. Todo aquel que es de la verdad, oye mi voz». Y Pilato, un romano muy escéptico, responde: «¿Qué es la verdad?».

–Efectivamente –peroró Rehbein–, efectivamente, una gran pregunta: ¿qué *es* la verdad? Cerró la Biblia y levantó la pizarra. Allí estaba la verdad: «REHBEIN ES UN FARISEO». (Continuará)

*

¿Qué es la verdad?

Es probable que todas las personas se enfrenten en algún momento de su vida a esta pregunta. Por lo general, el sentido común ofrece una respuesta que suena más o menos así: «Una idea o un enunciado es verdadero cuando se corresponde con la realidad». Supongamos que estoy dando un paseo con un conocido que en un momento dado me interrumpe y dice: «Está empezando a llover». Entonces extiendo la mano y miro al cielo. Si hay nubes cargadas de lluvia sobre nosotros y siento gotas en la palma de la mano, digo: «Tienes razón. *Realmente* está lloviendo».

En los círculos filosóficos, esta verdad de Perogrullo se conoce también por el nombre de «teoría de la representación». Y se puede comprender sin problemas, incluso en la formulación de un filósofo hecho y derecho como Ludwig Wittgenstein: «Nos hacemos una idea de los hechos. La idea es un modelo de la realidad. La idea puede coincidir o no con la realidad; puede ser correcta o equivocada, verdadera o falsa. Para saber si la idea es verdadera o falsa, debemos confrontarla con la realidad. La idea, por sí sola, no nos permite saber si es verdadera o falsa».

Eso suena plausible, pero también trivial. Me parece que la filosofía puede ser un poco más sutil. Fijémonos bien, pues, y preguntemos: «Señor Wittgenstein, ¿dónde podemos encontrar la realidad con la cual comparar nuestra idea?».

Un ejemplo concreto: la silla en la que estoy sentado me parece maciza y sólida. Sin embargo, según sostienen los físicos, está formada por miles de millones de átomos sumamente «ligeros» que, a su vez, tienen una agitada vida interior. A pesar de que al tacto no sea así, mi trasero también está formado en su mayor parte por espacios vacios y carga eléctrica, por quarks y misteriosas interacciones. ¿Por qué no me hundo en la silla, por qué no me fundo con ella en un *androtrono*? ¿Y cómo registrará la carcoma de la pata delantera el hecho de que la silla se tambalee? ¿Como un seísmo universal? ¿Quién percibe la silla tal como es «en realidad», yo o el gusano?

Por lo visto, la realidad está fuera de nuestra conciencia. Todo lo que sabemos sobre la realidad ha pasado por los canales de nuestra percepción, por los órganos de los sentidos, las vías nerviosas y la refinería del cerebro. De este modo, se clasifican, se filtran y se distancian los datos. Sólo cuando llegan a la cabeza, las impresiones difusas se reúnen en una visión de conjunto gracias a un proceso extraordinariamente complejo. Lo que llamamos realidad, en verdad, sólo es una *idea de la realidad*. Los murciélagos, los extraterrestres y algunos enfermos mentales perciben el mundo de un modo completamente distinto.

El macrocosmos no es menos ilusorio que mi silla. Si miramos el cielo invernal, vemos la constelación del cazador Orión. Sobre su hombro derecho brilla la estrella Betelgeuse (o, mejor dicho, *brillaba* hace 270 años, que es el tiempo que tarda en llegar la luz a la Tierra); en su pie derecho resplandece Rigel, que está al doble de distancia de nosotros. Tres estrellas forman el famoso cinturón. Pero ¿se encuentran realmente allí donde las vemos? ¿O quizá su luz es desviada por la gravitación de astros invisibles? Subamos a una nave espacial ultrarrápida para verlas de cerca. Cuanto más nos aproximamos a Orión, más se disipa su figura. Y cuando finalmente pasamos a toda velocidad entre las estrellas del cinturón, hace tiempo que ya no existe ningún cinturón. Es sólo un producto de la perspectiva.

Un tercer ejemplo que, en mi opinión, es particularmente inquietante. El psicólogo Burrhus F. Skinner puso una vez una paloma en una serie de cajas. Las cajas estaban construidas de modo tal que las palomas podían ser observadas, pero sólo recibían del exterior la información que Skinner les hacía llegar. La información principal eran los granos de comida que se arrojaban a intervalos regulares en cada caja. Desde luego, las palomas se movían en sus cajas, andaban de un lado para otro, se ventilaban las alas o se limpiaban. Por consiguiente, la caída del grano de alimento siempre coincidía con *algún* movimiento de las palomas. Tarde o temprano daba la casualidad de que dos, tres o más veces la caída del grano de comida coincidía con *el mismo* movimiento de una paloma. Entonces la paloma «aprendía»: «¡Ajá!, cuando despliego el ala derecha, cae comida. Pues, a partir de ahora desplegaré el ala derecha más a menudo». A pesar de que el mecanismo que controlaba la frecuencia con que se proporcionaban los granos funcionaba independientemente de los movimientos de las palomas, la coincidencia esperada empezaba a ser cada vez más frecuente. Hasta que al final la paloma mantenía el ala *siempre* desplegada, de modo que cogía *todos* los granos de comida en esa posición. La teoría de la paloma se había confirmado. El experimento de Skinner produjo únicamente palomas *locas:* una andaba continuamente en círculo, otra movía la cabeza sin cesar, otra se apoyaba sólo sobre la pata izquierda.

¿Los seres humanos también viven en cajas de Skinner? Más o menos. Cuando el ser humano está aislado del mundo exterior, se construye su propio mundo. Los dictadores que no admiten voces críticas en su entorno son particularmente propensos a perder el sentido de la realidad. Una secta herméticamente aislada deriva de forma automática en la superstición. Incluso una sociedad entera puede perder la razón (véase la obsesión de la caza de brujas o el nacionalsocialismo). Estos sistemas enajenados interpretan todos los hechos de forma tal que el propio sistema se vea confirmado y consolidado. Existe un único remedio contra semejantes «verdades»: la comunicación más ilimitada posible.

En resumen: no disponemos de una realidad objetiva con la que confrontar nuestras ideas. Sólo podemos controlar si una nueva idea es compatible con la totalidad de nuestras antiguas ideas, las que aceptamos como reales. En general, lo que contradice las teorías vigentes se considera un error o una mentira.

El concepto de verdad de esta llamada «teoría de la coherencia» (del lat. *cohaerere:* «estar unido, relacionado») también ha demostrado su eficacia en la justicia. Como a la realidad no se la puede citar a declarar, hay que atenerse a los testigos, los peritos y los indicios. Si las declaraciones del acusado encajan en el rompecabezas que se ha confeccionado a partir de las pruebas, el acusado está diciendo la verdad. Si no, está mintiendo. Es cierto que en la mayoría de los casos se logra reconstruir lo que probablemente ocurrió, pero siempre queda un resquicio de duda. Quizá podamos fiarnos de los testigos, los peritos y los indicios, pero nunca de nuestra propia capacidad de discernimiento.

Paradójicamente, la distorsión aumenta con la proximidad personal. Cuanto mejor conocemos a alguien, más parciales somos en nuestros juicios. Y en los casos en que nosotros mismos estamos involucrados en los hechos, nuestra evaluación no es en absoluto fiable. Éste es el tema de un clásico del cine japonés: *Rashomon.*

Un samurai ha muerto. Se acusa al bandido Tajomaru de haberlo asesinado. Pero ¿fue realmente un asesinato lo que ocurrió en el misterioso bosque? ¿Y qué papel tuvo la mujer del samurai en el crimen? ¿Fue violada por Tajomaru? ¿O se entregó a él voluntariamente y después le pidió que matara a su marido? La premiada película de Akira Kurosawa presenta cuatro versiones contradictorias de un mismo hecho. Cada una de las personas implicadas tiene su propia forma de ver las cosas, todas creen que están diciendo la verdad, y la verdad se desvanece en un misterioso mar de motivos.

¿Qué es la verdad?

*

Rehbein limpió la pizarra con tal vehemencia que el agua salió a chorros de la esponja. Luego, se dio la vuelta:

—¿Quién ha sido?

Nadie abrió la boca.

Rehbein nos echó un sermón sobre la honestidad, el valor y la perversidad de los mentirosos. Dijo que

Dios lo ve todo, que la mentira es cosa del diablo –como ya lo indica su nombre original *diabolus,* el «calumniador»– y que no olvidáramos el octavo mandamiento: «No darás falso testimonio contra tu prójimo». A continuación, empezó a recorrer las filas y, uno tras otro, nos iba mirando a los ojos con actitud inquisidora y nos preguntaba:

–¿Has sido *tú?*

Por lo visto, creía que el culpable o la culpable se desplomaría ante su mirada. O, como mínimo, se pondría colorado, respondería con balbuceos y bajaría los ojos.

–No –dije yo.

–No –iban diciendo todos los demás. Nadie se desmayó. A nadie le creció la nariz.

Cuando el inquisidor general llegó al sitio de Sabina Sandmann, volvió a preguntar:

–¿Has sido *tú?*

Sabina resistió su mirada y respondió:

–No.

Rehbein esbozó una sonrisa diabólica y preguntó:

–¿Seguro que no? Conozco tu letra. *¡Di la verdad!* (Continuará)

*

Los niños y los locos siempre dicen la verdad. Los borrachos tampoco se guardan los conocimientos que adquieren *in vino.* Esto no es necesariamente un argumento *a favor* de la verdad. Cualquier niño, cualquier idiota, cualquier bebedor puede decir la verdad. Pero para mentir bien se requiere inteligencia, imaginación y cierto conocimiento de la naturaleza humana. Por supuesto, la mentira no es auténtica. Camufla su verdadero carácter bajo toda clase de eufemismos: cumplidos, maquillaje, publicidad, cortesía, mascarada, espectáculo, tacto, moda, cultura, romanticismo. Todo es mentira, fingido encanto, patraña; todo es ilusión y falsas apariencias.

«¡Pero si el emperador está desnudo!», grita el niño del cuento. El niño necesita urgentemente un terapeuta. Ha de aprender que lo que importa en la vida real no es la verdad, sino la mentira socialmente aceptada. Y que la felicidad no es un fruto del árbol del conocimiento. El sentimiento de felicidad, aunque se base en ilusiones, también es auténtica felicidad.

En el póquer y en la política, la verdad lucha por una causa irremisiblemente perdida. Toda campaña electoral es un festival del timo. En las negociaciones colectivas lo fundamental es fanfarronear. «El lenguaje le fue dado al ser humano para ocultar sus pensamientos», decía Talleyrand. Maquiavelo recomendaba: «Un príncipe inteligente no puede ni debe cumplir su palabra, si al cumplirla se perjudica a sí mismo o si desaparecen las causas que le llevaron a darla. Además, a los príncipes nunca les han faltado legítimas razones para disimular su falta de palabra». Hasta Platón consideraba que la mentira propagandística era un recurso indispensable de la política. *Pravda* significa «verdad».

Incluso en la inocente naturaleza, el camuflaje y el engaño son moneda corriente. Muchas especies sólo logran sobrevivir gracias al mimetismo y la somatólisis. Para algunos insectos inofensivos como el sírfido merece la pena simular peligrosidad mediante un diseño amarillo y negro. Las diversas especies de luciérnagas emiten señales luminosas distintas. La hembra del género *Photuris* atrae a los machos dispuestos a aparearse mediante una falsa señal, no para ser infiel, sino para comérselos. La «hoja cambiante», una especie tropical de saltamontes, podría decirse que está demasiado bien camuflada. Por protegerse de sus verdaderos enemigos, los pájaros, a veces acaba mordisqueándola algún herbívoro desprevenido.

En pocas palabras: se elogia la verdad, pero se recompensa la mentira. Siempre y cuando uno sea un buen mentiroso.

*

–*¡Di la verdad!*

Rehbein desplegó su índice y lo apuntó hacia la nariz respingona de Sabina:

–*¡La verdad!*

Sabina se puso colorada y no pudo seguir conteniendo las lágrimas. Rehbein se dirigió a su escritorio, abrió el libro de clase y sacó la pluma. Entonces levanté la mano y exclamé:

–Lo he escrito *yo*. He imitado la letra de Sabina.

Rehbein me miró perplejo:

–Muy bien, entonces serás *tú* quien reciba la reprimenda.

–¿Puedo preguntarle por qué? En realidad, los fariseos eran sabios honorables y muy creyentes. Fue la propaganda cristiana la que los desacreditó. Para mí, «fariseo» es un cumplido.

Rehbein emitió un sonido gutural y se precipitó fuera del aula. Sabina Sandmann se acercó a mí y me prometió que en el recreo largo me daría el beso que yo llevaba pidiéndole desde hacía semanas.

¿Cómo dice? ¿Que si la historia es *real?* ¿Acaso eso sigue teniendo alguna importancia para usted después de todas las consideraciones arriba mencionadas? *Se non è vero, è ben trovato,* dicen los italianos. Si no es verdad, está bien inventado.

Para seguir leyendo recomiendo:

Paul Watzlawick (ed.): *La realidad inventada*, (Barcelona 1990).

4

El amor

o

El demonio agridulce

«Love, love, love, love, love, love, love,
love, love, love.»

(The Beatles)

El traje de confirmación estaba preservado de las
polillas; Mateo, Marcos, Lucas y Juan estaban en el
cajón. Los modernos evangelistas eran de Liverpool.
Cada nuevo *single* era una revelación. Y ahora esto:
«All you need is love, love, love, love is all you need.
Todo es posible, si tu me amas, todo está permitido,
si tú me amas. Amor, amor, amor...».

El muchacho de catorce años creía que todo el
mundo debía participar en su salto hacia el conocimiento. Grabó la canción, puso la grabadora de la confirmación sobre el antepecho de la ventana de su habitación y dejó sonar la marcha del Elba. Cuando soplaba
viento del Oeste, hasta los soldados fronterizos de la

RDA podían llegar a disfrutar de la propaganda del amor. Pero el chico no pretendía agradar a los policías populares de la antigua RDA. Soñaba con que una chica viniera a su pueblo de mala muerte, una princesa de cuentos de hadas destinada a dejar salir al pájaro de la jaula. Si ella oyera la canción, miraría hacia la ventana y sus miradas se encontrarían como dos rayos que crecen uno en dirección a otro para finalmente unirse entre el cielo y la tierra: magnetismo visual, fusión telepática, besos de tornillo con un crescendo de cuerdas, volver al paraíso haciendo manitas...

*

La concepción que el adolescente de catorce años tiene del amor se basa en la filosofía clásica y se corresponde exactamente con aquel famoso mito que se narra en *El banquete* de Platón:

En el comienzo, los seres humanos eran esféricos, tenían cuatro piernas, cuatro brazos y dos caras. Se desplazaban rodando, con sus ocho extremidades extendidas como los radios de una rueda. Los hombres esféricos eran fuertes como toros y perfectos en sí mismos. Por eso, se volvieron arrogantes y mandaron a los dioses a freír espárragos. Hasta que los dioses perdieron la paciencia, partieron todas las esferas por la mitad y esparcieron las mitades por la Tierra. Desde entonces, hay una gran aflicción. Pues «cada uno de nosotros es sólo la mitad de un ser humano (...) y busca continuamente su otra mitad». Las cicatrices en el cuerpo son invisibles, pero la herida espiritual no se cierra jamás, a no ser que una princesa de cuentos de hadas venga al pueblo de una media naranja: «Ahora bien, cuando un amante (...) encuentra a su otra mitad, a ambos les invaden maravillosos sentimientos de amistad, confianza y amor, y no quisieran tener que separarse ni un instante (...) La razón de esto es nuestra naturaleza original: antes éramos seres completos. Así pues, el anhelo y el afán de totalidad es lo que se llama amor *(éros)*».

Por lo común, los mitos no son pura invención. En muchos casos, reflejan un hecho histórico de forma distanciada. Y, en efecto, todos los seres humanos hemos pasado por una *separación primigenia*. Por lo que a mi respecta, debo de haberme quedado dormido, porque no recuerdo nada de ese momento, así que mejor cedámosle la palabra a una paciente del psiquiatra R. D. Laing:

«Yo venía de nalgas; pero me dieron la vuelta, luego me tiraron hacia fuera con el fórceps –aún sigo sintiendo cómo me sube el dolor por el costado derecho– (...) finalmente, salí. Había sido muy duro, pero de todas formas logré esbozar una sonrisa. Luego cortaron el cordón. Entonces supe definitivamente que estos cabrones iban en serio».

Estas cosas nunca se olvidan. Durante toda la vida buscamos un cuerpo con el que volver a fusionarnos, ya sea el cuerpo de la madre al que se aferra el niño pequeño, el cuerpo del amado o de la amada del que nunca se tiene bastante, o el cuerpo de una comunidad que canta, grita y marcha, y a la cual la personalidad individual se consagra gustosa. La reunificación es felicidad. Y todas las separaciones abren la vieja herida. ¿Hay alguien más desdichado que un niño que ha perdido a su madre entre el gentío de unos grandes almacenes y vaga por los corredores, sollozando y gritando «¡Mamáááá!»? ¿Tal vez un padre de familia que llega a casa por la noche y encuentra una lacónica carta de despedida en el piso vacío? ¿Un excomulgado al que echan de su ciudad natal a pedradas? Sea como sea, el amor puede ayudar a superar el trauma de la separación.

Si localizamos las raíces del amor en el nacimiento, es lógico que el amor nos enseñe dos caras: la infantil, del ansia y la veneración, y la maternal, de la entrega.

La primera nunca se ha explicado de una manera tan fascinante como en *El banquete*. Cuando el comediógrafo Aristófanes termina de contar el mito de los hombres esféricos, toma la palabra Sócrates. A su juicio, Eros es un *daímon*, una suerte de ángel veloz que actúa de intermediario entre el reino de los dioses y el mundo de los mortales. «Pues la divinidad no se acerca directamente al ser humano; todo el trato y el diálogo de los dioses con los hombres se efectúa a través de la mediación de lo demoníaco, tanto en la vigilia como en el sueño.»

El infatigable *daímon* despierta en el ser humano el anhelo de lo bello (que en la concepción clásica es idéntico a lo bueno y lo verdadero). Pero a los enamorados no les basta con poseer lo bello, también quieren engendrar belleza. «Todas las personas llevan en sí una simiente, en el cuerpo y en el alma, y cuando alcanzamos una cierta edad, nuestra naturaleza ansía procrear.» La reproducción tiene un sentido más profundo. Para los seres humanos, representa la mayor aproximación posible a la vida eterna. Así pues, el amor siempre tiene la intención de alcanzar la inmortalidad, es un intento de escapar de la cárcel del tiempo.

Cuando un hombre es poseído por el Eros físico, se busca una mujer para producir con ella descendientes: garantes de una vida después de la muerte (al menos, en forma de genes). Quien es poseído por el Eros espiritual, se perpetúa a través de actividades creativas. Para Platón no cabe duda de cuál de las dos formas de inmortalidad debería preferir el filósofo. Al fin y al cabo, lo que le importa al filósofo es el amor al ideal. Y éste se alcanza escalando los cinco peldaños de un camino iniciático. El novicio en el misterio del amor se enamora de un cuerpo bello *(1)*. Le siguen el amor a la belleza física en general *(2)*, el amor a la belleza espiritual *(3)*, el amor a las acciones y los conocimientos bellos *(4)*. Por último, en el nivel más alto –rozando la esfera de los dioses– el filósofo contempla la idea de la belleza *(5)*. «Si es que para los seres humanos en algún momento merece la pena existir, es en este punto de la vida: en la contemplación de lo bello en sí.»

Todo esto suena bastante elevado, y, en efecto, el discurso de Sócrates se basa en la doctrina esotérica de los misterios de Eleusis. Sin embargo, la elevación del amor a la categoría de religión es una práctica corriente en muchas culturas. Basta pensar en el Kamasutra, la escuela del amor del tantrismo hindú, y en los relieves eróticos de los templos que inspiró. O en la explicación mística del amor del *Cantar de los Cantares* de Salomón: «¡Qué hermosa eres, amiga mía, qué hermosa eres! Son tus ojos como palomas detrás de tu velo. Tus cabellos como de los rebaños de cabras que vienen del monte Galaad (...) Tus dos pechos son como dos gamitos mellizos, que están paciendo entre lirios. (...) Toda eres hermosa, amiga mía; no hay defecto alguno en ti».

En este aspecto, el Eros de Sócrates es más acertado que el modelo de los hombres esféricos. Cuando amamos, no buscamos a alguien semejante a nosotros: sabemos demasiado bien qué miserables bastardos somos (magníficos en nuestras posibilidades, nulos para su realización). Buscamos en el otro al ser superior que nos puede elevar hasta su altura, que nos puede educar para sacar lo mejor de nosotros mismos, ya sea el semidiós de blanco de la novela médica o, para el trovador, la gran dama que le regala una sonrisa desde la azotea. El que ama quiere admirar, quiere venerar. Si mal no recuerdo, la princesa del cuento de hadas del chico de catorce años llevaba una aureola de cabellos dorados, y lo que prometía su boca de fresa no era una «pareja abierta», sino la redención.

*

Y así se nos revela la segunda cara del amor, el rostro bondadoso de Lady Madonna. Este amor no carece de nada, ni reclama nada para sí. Se realiza brindándose. No se dedica preferentemente a lo que es digno de ser amado por su belleza, sino que reparte desinteresadamente la luz y el calor de su gracia por todo el mundo. Incluso lo que carece de belleza y valor en sí mismo se vuelve digno de ser amado gracias a su reflejo.

A este amor están dedicadas las famosas líneas de la epístola de san Pablo: «El amor es sufrido, es benigno; el amor no tiene envidia, el amor no es jactancioso, no se envanece; no hace nada indebido, no busca lo suyo, no se irrita, no guarda rencor; no se goza de la injusticia, mas se goza de la verdad. Todo lo sufre, todo lo cree, todo lo espera, todo lo soporta. El amor nunca deja de ser».

Se sobrentiende que este amor no tiene nada que ver con las glándulas sexuales. Para evitar malentendidos –y para diferenciarlo del demoníaco Eros–, el Nuevo Testamento le dio el buen nombre de *agápe*. El *agápe* caracteriza a la relación de los padres hacia sus hijos, o debería caracterizarla. En términos cristianos, es también el amor de Dios hacia los seres humanos; y, en tercer lugar, es el amor al prójimo, que ve a su semejante –incluso al enemigo o a un muchacho aterido que vende periódicos– como un hermano.

El muchacho que vende periódicos se mete en un café para entrar en calor. Tiene pecas, ojos redondos y una gorra de cuero en la cabeza, como la que llevaban los primeros pilotos. Un vagabundo que está sentado solo le hace señas de que se acerque y, tras observarlo un largo rato, le dice: «Te amo».

El barman entiende *éros:* «Es menor de edad».

Pero el vagabundo habla de *agápe,* lo cual resulta obvio cuando cuenta su historia. Su mujer, a la que él quería más que a nada en el mundo, le abandonó hace ya mucho tiempo. Junto con esta mujer, él perdió también la fe en el amor. Durante largos años vagó por el mundo, desconsolado. Pero, en un momento dado, se dio cuenta de que su error había sido aspirar al más pretencioso objeto de amor, a una mujer, sin tener idea aún de lo que era el amor. Desde entonces, aprende y practica el amor. Empezó por los objetos más sencillos —«un árbol, una roca, una nube»— y los observó y los observó hasta que nació en él el amor. El primer animal que amó fue un pez dorado de una pecera, y ahora está a punto de alcanzar su meta: «Veo una calle con mucha gente y me inunda una bella luz. Observo un pájaro en el aire. O encuentro a un excursionista en la carretera: da igual qué sea, que sea hijo mío, o quién sea. Todo es extraño, y a todo lo amo».

¿Quién es el amante perfecto: el maravilloso vagabundo de este relato de Carson McCullers o el espiritual filósofo sacerdote de Platón que se consagra a la idea de la belleza abstracta?

*

¿O todo esto no tiene nada que ver con el amor *real?* El amor, tal como lo experimenta el 99,9 por ciento de la gente, ¿no es mucho más prosaico, mucho más práctico (y mucho menos problemático)? Sí, dice el sentido común. Ya va siendo hora de que nos larguemos de los castillos en el aire de la metafísica. ¡Bienvenidos a la casa adosada!

Dirijamos nuestra atención a la tercera forma clásica de amor, el amor de pareja *(philía),* tal como lo entiende Aristóteles. A primera vista, este amor no parece encerrar ningún misterio: «La amistad y el amor entre un hombre y una mujer vienen dados por la naturaleza (...). Se ayudan mutuamente, pues cada uno pone su talento al servicio de la comunidad. Esto acentúa el punto de vista de la utilidad y del placer en esta amistad. Y todo se basa en la virtud, en que los integrantes de la pareja sean personas honestas: cada uno obtiene su provecho y a los dos les alegra que así sea».

El amor que prospera en una relación de pareja no persiste en el egocentrismo sexual-espiritual tanto como el *éros* (excepto tal vez en la enajenación de las primeras semanas y meses, cuando se desarrolla el proceso que Stendhal definió como «cristalización», cuando las gafas del amor, que nos hacen verlo todo de color de rosa, idealizan la imagen del compañero de modo tal que la verdadera personalidad desaparece como si quedara oculta bajo una capa de glaseado). Por otro lado, el amor de pareja tampoco es absolutamente desinteresado como el *agápe* cristiano (excepto tal vez cuando uno de los integrantes de la pareja está en la unidad de cuidados intensivos).

La *philía* participa de los dos extremos ideales del amor, pero su esencia constituye algo distinto: la alegría elemental del mero estar juntos. «Amor», escribe Stendhal, «es el placer de ver a un ser querido que nos quiere, de tocarlo y sentirlo con todos los sentidos y, por tanto, muy cerca». Con el tiempo se añade el orgullo de lo que han logrado hacer juntos, y también la preocupación por lo que los dos han puesto en el cambia-pañales: «Los hijos constituyen un bien común, pero todas las cosas en común atan», confirma papá Aristóteles.

En la *philía,* el todo es más que la suma de las partes, y eso la hace sumamente interesante desde el punto de vista económico: ambos integrantes de la pareja ingresan amor en la cuenta común, y ambos retiran amor. Pero el banco de la pareja da intereses tan altos que ambos pueden retirar mucho más de lo que ingresan. La *philía* es un juego de suma a no cero*, un hecho empírico que el lenguaje popular describe con precisión: «La pena compartida es media pena, la alegría compartida es doble alegría».

Pero, ¡un momento! Si el amor es tan simple y rentable, ¿cómo es que cada vez se divorcian más matrimonios y aumenta incesantemente el número de personas que viven solas? La respuesta es paradójica: la práctica del amor disminuye en la misma proporción en que se desarrolla su teoría. Es de todos sabido que los críticos literarios son pésimos escritores. Y es igualmente cierto que los pedagogos profesionales suelen fracasar como padres, porque les falta ingenuidad. Lo mismo ocurre con el amor. Hemos leído decenas de libros sobre la pareja, nos hemos tragado cientos de *talk shows* sobre el tema, hemos participado en miles de discusiones. En una palabra: nos hemos convertido en expertos, sabemos exactamente cómo *debería* ser la pareja, también podemos pronunciar excelentes discursos sobre la convivencia, pero ya no sabemos cómo era que se hacía. «¿Cómo te las arreglas para no tro-

---

* En un juego de suma a no cero, un jugador no gana lo que pierde el otro, sino que ambos colaboran entre sí y *ambos* ganan o pierden. *(N. de la T.)*

pezar?», le preguntó el sapo al ciempiés, y acto seguido el ciempiés se dio de narices. El mejor modo de hacer las cosas difíciles es hacerlas inconscientemente. La teoría es el enemigo natural de la práctica.

Éste podría ser *uno* de los motivos por los que Arthur Schopenhauer, el autor de una inteligentísima *Metafísica del amor sexual,* fracasó de un modo tan poco romántico cuando cortejaba a la joven Flora Weiß (él tenía cuarenta y tres años, y ella diecisiete). Durante un paseo en barca por un lago berlinés, Schopenhauer le dio uvas a la muchacha. ¿Y qué hizo la pobre Flora?: «Pero yo no las quería. Me daba asco que el viejo Schopenhauer las hubiese tocado y, disimuladamente, fui tirándolas al agua sin que él se diera cuenta».

Antes de que nos ocurra algo así, dejemos de filosofar ahora mismo sobre el amor. Para amar no es necesario *saber* qué es el amor. Como queda cantado: «*All you need is love, love, love, love is all you need*».

Para seguir leyendo recomiendo:

Cartas de amor.

5

La soledad

o

El hombre que amaba las islas

«El que está solo se lo pasa bien, porque no hay nadie que pueda hacerle nada.»

(Wilhelm Busch, soltero)

«¡Oh, soledad! ¡Soledad, patria mía! ¡Qué alegre y cariñosa es tu voz!

(Friedrich Nietzsche, soltero)

«Solitario busca solitaria para estar solos.»

(Anuncio de contactos)

La sabiduría es hija de la soledad. Por eso, el filósofo rehuye los equipos. Prefiere mil veces una humilde gruta llena de libros que una oficina colectiva. Pero cuando mejor y más fuerte se siente es cuando está a solas con la Naturaleza, en las montañas, en el desierto, en una isla remota. Allí escucha a su apuntador interior, sin ser estorbado por las habladurías de sus semejantes, allí saca de la fuente de la tranquilidad la fuerza espiritual que en la vida pública le permite conservar la cabeza fría y el corazón en su sitio, allí se encuentra quizá con los otros hijos de la soledad: el artista y el profeta.

Lo sé, lo sé: *no todos* los filósofos son tipos raros. Incluso Schopenhauer –el autor de la sentencia «Sólo se puede ser totalmente uno mismo cuando se está solo»–, incluso el empedernido solitario Schopenhauer prefería salir en compañía de su caniche. Por otra parte, naturalmente que hasta la persona más sociable del mundo puede sacar algún provecho de una playa apartada, del silencio del bosque y, sobre todo, de una autopista vacía. Todos tenemos vena de filósofos; sólo que en algunos se trata de un capilar del dedo del pie y, en otros, de una arteria o de una variz.

Así pues, la pregunta de si alguien es filósofo, o no, sólo admite una respuesta cuantitativa. Pero insisto: *una* característica de los «más filósofos» es que prefieren estar solos antes que estar con los «menos filósofos» y secundan a aquel antiguo romano que afirmaba: «Nunca estoy menos solo que cuando estoy solo».

*

Las montañas me parecen demasiado altas y el desierto demasiado caluroso, pero las islas me encantan. Mi sueño es vivir en una isla. En sus misteriosos nombres –Mauricio, Bali, Tristán da Cunha, Helgoland– oigo los embates de las olas contra las rocas y los gritos penetrantes de las aves marinas. Yo ya era un isleño mucho antes de pisar una isla por primera vez. Robinson Crusoe fue arrastrado a la playa de una isla desierta un 30 de septiembre, el día de su cumpleaños. Y también fue un 30 de septiembre cuando yo fui a parar de las ondulaciones del útero a la poco acogedora orilla de la existencia individual. ¿Simple casualidad? ¿Y entonces por qué cuando era pequeño me sentía como en casa en la «isla del tesoro» de Stevenson y no en la llanura del norte de Alemania?

Más tarde conocería islas reales: las Valentia Island en la costa sudoeste de Irlanda, Ko Samed en el golfo de Tailandia, incluso Wangerooge y Norderney, en las Frisias alemanas, me llenaron de entusiasmo. Hasta ahora no he cumplido mi sueño de conocer los Mares del Sur. Una isla de los muertos como la de Böcklin (o la de Diana de Gales) me parece sumamente atractiva como última morada.

«Nadie es una isla», escribió el poeta «metafísico» John Donne (quizá precipitándose un poco, pues si alguien es enterrado en una isla, poco a poco va pasando a formar parte de ella; en el plano molecular, por lo menos, sí que todos «volvemos a la naturaleza»). Jean-Jacques Rousseau, el profeta de la predilección romántica por la Naturaleza, recibió sepultura en la «isla de los álamos», en el lago de los jardines del palacio de Ermenonville. De esta forma, hasta que exhumaron sus restos y los trasladaron a París durante la Revolución, descansó en paz en un sitio que reflejaba toda su vida: en una isla idílica *para él solo*.

Guardemos un minuto de silencio por este filósofo. Se lo merece. Si hubiese un ranking de los pensadores más influyentes de todos los tiempos, Rousseau estaría en el Top Ten. Además, casi nadie abordó el tema de la soledad con tanta pasión como él.

*

Fue una vida asombrosa. Rousseau nació en 1712, en Ginebra. Nunca fue a la escuela, y menos aún a la universidad. A los dieciséis años, abandonó su puesto de aprendiz y se marchó a Francia. Durante veinte años fue tirando, más mal que bien, como músico, profesor particular y secretario. Se dejaba llevar, emprendía todo tipo de proyectos y estudiaba el libro de la vida. Todo el tiempo le dominaba el difuso malestar de una persona que aún no sabe qué es lo que quiere.

Luego llegó el año 1750, y con él, el golpe de castigo. En un ensayo descarado –y escandalosamente poco científico–, Rousseau negó que la ciencia y la cultura hayan mejorado al ser humano, y sostuvo que, por el contrario, sólo lo han distanciado de su naturaleza original, que es noble y pura.

El ensayo de Rousseau fue una patada en la espinilla de la Ilustración filosófica, que hasta ese momento había dominado intelectualmente el siglo. Los representantes de la Ilustración, en especial Voltaire, creían en las ventajas de la educación, la ciencia y el progreso técnico. ¡Y ahora venía un dudoso provinciano y garabateaba un panfleto provocativo que tocaba la fibra sensible de la época! Las academias y los salones reaccionaron con rabia y embelesamiento. Rousseau era el último grito.

Y entonces se produjo el segundo milagro. Un cínico habría sacado provecho de ese éxito sensacional y habría saneado sus finanzas para el resto de su vida. En efecto, los reyes y los príncipes de la época consideraban un honor ocuparse de que los héroes de la industria cultural llevaran una vida confortable. Pero Rousseau no quería pensiones ni prebendas. Se le ocurrió la arriesgada idea de intentar *hacer realidad* sus ideales. Quería llevar una vida ejemplar, de modestas pretensiones, en armonía con la Naturaleza, honrada hasta el exceso. Quería poner el espejo de la sencillez delante de una sociedad que le parecía apartada de la realidad y corrupta. Y quería escribir libros que difundieran su mensaje entre el pueblo. Para no depender del éxito de venta de sus obras, se ganaba la vida copiando música: un trabajo muy duro.

El tercer milagro fue que todos los libros que Rousseau publicó en los años siguientes cayeron como una bomba. Escribió una novela, y *Julia* se convirtió en *la* novela del siglo. Escribió una utopía política, y *El contrato social* se convirtió en el programa de la Revolución Francesa. Escribió un ensayo sobre la educación infantil, y *Emilio* se convirtió en una obra maestra que hizo que hasta Kant perdiera el equilibrio mental y que aún hoy conserva casi intacta su fascinante frescura. Por último, escribió una autobiografía y causó un escándalo (póstumo), porque fue el primer autor que se atrevió a someterse a un psicoanálisis completo, sin dejar de lado el aspecto sexual.

Para valorar en su justa dimensión el fenómeno Rousseau, hay que compararlo con su gran adversario,

Voltaire. Hoy en día las obras de Voltaire parecen, en el mejor de los casos, condicionadas por su época y, en el peor de los casos, pueriles. Hasta el tantas veces citado *Cándido* no es más que un chiste explicado con pelos y señales. En cambio, Rousseau sigue siendo un desafío y un placer. Es uno de los grandes autores intemporales, una inagotable fuente de inspiración. Hasta aquí todo iba bien.

*

Pero el modo de vivir de Rousseau tenía un inconveniente: sumió cada vez más al filósofo en el *aislamiento* (del it. *isola* = «isla») mental y, por momentos, espacial.

En 1765, James Watt estaba construyendo la primera máquina de vapor y en la Universidad de Leipzig se matriculaba un joven llamado Goethe; mientras tanto, Rousseau huía de las autoridades francesas. La Iglesia católica y el Tribunal de París habían prohibido *Emilio*, porque era un libro que «destruía los fundamentos de la religión cristiana». Un crimen capital. Rousseau no estaba a salvo de la persecución ni en su Suiza natal. Los campesinos de Môtiers, la aldea de montaña donde provisoriamente había encontrado asilo, se agruparon y arrojaron piedras contra su casa. Rousseau, teniendo presente el destino de Sócrates, emprendió la huida y se retiró a la isla de Peter en el lago de Biel, un lugar idílico donde sólo había una casa. Allí pasó unas semanas de ensueño, a pesar de todas las preocupaciones existenciales. En sus memorias, escribe: «Creo que aquellos dos meses fueron los mejores de mi vida (...). Todas las actividades que emprendí mientras estuve allí no fueron otra cosa que placenteras y necesarias ocupaciones de alguien entregado al ocio. (...) Como no quería emprender más tareas que requirieran esfuerzo, necesitaba encontrar un entretenimiento, una actividad que me gustara y que no me ocasionara más molestias de las que está dispuesta a tomarse una persona perezosa». A Rousseau se le ocurrió estudiar la flora de la isla. Cuando se cansaba de la botánica, se iba a remar al lago. «Me estiraba en el bote cuan largo era, con los ojos vueltos hacia el cielo, y me dejaba mecer por el agua, a veces durante horas, sumido en miles de confusas, pero deliciosas ensoñaciones.»

*

Vamos a detenernos para plantear una pregunta: ¿por qué el filósofo se siente tan feliz en la isla? ¿Y qué es exactamente una isla?

Las islas están separadas del resto del mundo. Son un universo en sí mismas. En las islas, las agujas del reloj avanzan de manera diferente. La isla ideal no se rige por horarios de trenes ni de servicio. En vez del reloj para fichar, lo que importa son las estaciones del año, el tiempo y las mareas.

Las islas son limitadas y abarcables, sus márgenes pueden medirse a pasos. ¡Esto es muy importante! Por mi parte, sólo me siento como en casa en una isla una vez que le he dado una vuelta completa. La vuelta ha de poder darse en un día; de lo contrario, no se trata para mí de una verdadera isla. El número de habitantes también ha de ser limitado. En una auténtica isla, todos se conocen. Las puertas de las casas no se cierran. La isla es un lugar de confianza.

La isla es un trozo de tierra en poder del agua. Los arrecifes tiemblan cuando la marea viva rompe contra ellos. El viento es húmedo y cargado de sal. En las islas, los monumentos de la civilización se desmoronan con más rapidez que en tierra firme; los elementos se comportan de un modo caprichoso e incontrolable.

Aislamiento en la distancia, idílica sensación de seguridad, espíritu abierto a la naturaleza: todo esto hace de las islas un espejo del hombre romántico. En la isla, el hombre romántico se descubre a sí mismo como un individuo aislado de la sociedad, como un yo en armonía y en lucha consigo mismo.

*

Pero si a Rousseau las islas le parecían tan maravillosas y románticas, ¿qué había de malo en el *aislamiento*?

Veamos la otra cara de la moneda. Sabe Dios que no todas las islas gozan de buena fama. No me refiero a Mallorca, sino a lugares como la isla del Diablo, Sajalín o Alcatraz, cuyos nombres se han convertido en metáforas de la desesperanza. Cuando el nexo con tierra firme se corta o se rompe por la fuerza, el asilo de la independencia se transforma en una cárcel sin riesgo de fuga. En las islas viven no sólo los bienaventurados, sino también los condenados.

Lo mismo ocurre con el alma.

Evadirse del mundo es la perdición, si uno ha olvidado sacar billete de ida y vuelta. En estos casos, los psicólogos hablan de una personalidad esquizoide. El esquizoide hace todo lo posible para mantener lo que él llama su independencia. Levanta barricadas para defenderse de los sentimientos de los otros y bloquea los suyos. D. H. Lawrence describió el desarrollo de un hombre que, por timidez, se va retirando a islas cada vez más pequeñas y más áridas, hasta que espera la muerte en la última isla rocosa, dejado de la mano de Dios. «Su única satisfacción era sentir que estaba completamente solo y que el espacio iba penetrando lentamente en él, el mar gris y, bajo sus pies, la isla bañada por el mar. Ningún contacto, sobre todo, nada humano que le pueda afectar y causar espanto. Nada más que espacio, brumoso, turbio, rodeado de mar: éste era el pan de cada día para su alma.»

«Estoy solo en este mundo», se queja el viejo Rousseau, «no tengo más hermanos, prójimos, ni amigos, ni más compañía que yo mismo». El que no habla con otras personas olvida el lenguaje común. Su extraña conducta genera desconfianza y rechazo en sus semejantes. Al final entra en un sistema paranoico que se expresa en murmullos extraños y horribles fantasías. Un típico sueño esquizoide: «Hay una fortaleza de paredes de cemento, con unas pocas mirillas pequeñas, en medio de un inmenso desierto arenoso; en la fortaleza hay muchas armas y provisiones para varios años; yo soy su único habitante».

*

La escenografía de este sueño me hace pensar en el hombre que cumple años el mismo día que yo: lo primero que hace Robinson Crusoe después de salvarse es construir la empalizada de una fortificación. «Esta valla era tan sólida que ningún ser humano ni animal hubiese podido derribarla o atravesarla. En la entrada, en vez de una puerta, había una pequeña escalera para pasar por encima de la cerca. Una vez que estaba dentro, subía la escalera. De esta forma, me sentía protegido de todo el mundo y dormía completamente tranquilo por las noches.»

El *Robinson Crusoe* de Daniel Defoe se publicó en 1719. La novela (no confundir con el castrado «libro infantil») se basa en un hecho real. En 1709, Alexander Selkirk, un marinero escocés, fue rescatado de la isla del Pacífico Juan Fernández –que, por lo demás, aparece en *Julia* de Rousseau– donde había sobrevivido cinco solitarios años. A partir de este mismo material, un autor de menos talento y madurez habría hecho una trivial novela rosa. Lo original y genial de la obra de Defoe es el desarrollo interno del héroe. El lugar de destierro se convierte para Robinson en el lugar de la salvación espiritual. Allí se reencuentra con Dios y consigo mismo. La Naturaleza deja caer su máscara bárbara y se revela como una madre amorosa.

Así que no es de extrañar que Rousseau se entusiasmara con *Robinson Crusoe*. Emilio, su alumno modelo, debía criarse sin libros. Pero Rousseau hizo una *única* excepción con *Robinson Crusoe*. Por un lado, por su valor educativo: «El método más seguro para superar los prejuicios y regir nuestros juicios por las condiciones reales es ponerse en el lugar de un hombre aislado y juzgar todas las cosas como las juzgaría éste, atendiendo a sus propias necesidades». Por otro lado, Rousseau se identificaba con el náufrago. Él también se sentía excluido y rechazado por la sociedad. Él también había encontrado la felicidad en la amable Naturaleza. En el corazón de Rousseau, el sitio del amigo de Robinson, el buen caníbal Viernes, lo ocupaba la criada Thérèse Levasseur. Era una persona completamente inculta, pero leal e incapaz de fingir. Rousseau emulaba al héroe de la novela hasta en su aspecto: llevaba una suerte de caftán y un gorro de piel. Sólo prescindía de la sombrilla revestida de piel de cabra.

*

El desarrollo de Robinson es completamente diferente al de Mr. Cathcart, el protagonista del relato de Lawrence *El hombre que amaba las islas*. La personalidad de Cathcart se reduce hasta desaparecer, absorbida por el «espacio». Robinson, en cambio, es un optimista. Pocos días después del naufragio, al evaluar su situación, para cada circunstancia adversa encuentra un contraargumento que le sirve de consuelo. Su desgracia no le impide actuar. Emprende la lucha por la supervivencia (como una rana que cae en una olla llena de nata). Se construye un hogar, una «familia» de animales, una rutina fija de trabajo y ocio. Y establece un nuevo sistema de valores, acorde con la nueva situación. El viejo Robinson era un prisionero digno de compasión, cautivo en la «isla de la desesperación», como él la bautizó. El nuevo Robinson se dice: «Yo era el amo de todo aquel territorio y, si quería, podía nombrarme rey y emperador de todas las tierras que poseía». En efecto, después de leer detenidamente la Biblia, su naufragio le parece un suceso providencial. Porque sólo así podía evitar la nociva influencia de la sociedad. Robinson logró interpretar la catástrofe como una bendición (y logró convertirla efectivamente en una bendición). Al tiempo que cultivaba la isla, se forjaba también una nueva personalidad, mejor y más fuerte. La nata se transformó en sólida mantequilla.

Rousseau también cultivó la soledad. ¿El mundo no quería entenderle? ¿Le calumniaban? ¿Hacían chistes sobre él? De acuerdo. Entonces él se explicaría con sagrado e infatigable empeño. Ningún filósofo se tomó a sí mismo como tema con tan pocos escrúpulos como Rousseau. Así como Sísifo hace rodar su piedra, también Rousseau intentaba entenderse y explicarse a sí mismo.

Los males físicos pueden curarse restableciendo el estado original de salud. En un caso ideal, uno se siente luego como si nada hubiese ocurrido. En cuanto a las crisis mentales, existen dos medios de curación: el repliegue ortodoxo o el camino hacia delante, *atravesando la enfermedad,* hacia un nuevo yo. Rousseau –al igual que Robinson– consiguió algo increíble. Venció su aislamiento aceptándolo y dándole un sentido. No lo superó acercándose a la sociedad –lo cual habría sido un retroceso–, sino acercándose a la trascendencia, una trascendencia que confirió a su obra una validez intemporal.

En la isla de Peter, Rousseau había examinado plantas con una lupa para poder describir con precisión cada uno de los elementos que las formaban. En sus *Confesiones,* se examina de cerca a sí mismo. «Quiero mostrar a mis semejantes una persona en toda su desnudez, y esa persona seré yo mismo. Sólo yo.»

Este «sólo yo» encierra el mismo orgullo que lleva a Robinson a coronarse rey de su isla. Un orgullo que no proviene del reconocimiento de otras personas. Un orgullo que no reside en ninguna capacidad excepcional. Este «sólo yo» es el poderoso «no obstante» existencialista, que permitió a Rousseau producir su increíble obra y que sigue conmoviendo a sus lectores a lo largo de los siglos.

*

Una última observación: ahora es habitual que la gente quiera resolver sus problemas psíquicos buscando la compañía o –más aún– buscando el calor de hogar del «grupo». El diálogo abierto se considera sano; el silencio, un bloqueo psíquico; y el silencio persistente, patológico. Es cierto que en muchos casos desahogarse puede aliviar el sufrimiento y llevar a la curación. Pero ése no es el único camino. El ser humano *no sólo* es un ser social, las relaciones interpersonales no son una panacea. Durante mucho tiempo se pensó que la clave de la auténtica felicidad estaba en la relación del ser humano con lo divino. El materialismo y el psicoanálisis pusieron al descubierto esa superstición. Pero a finales del siglo XX aumentan las dudas sobre si Freud y Marx no estarían equivocados cuando declararon que la religión estaba pasada de moda. El pan y el orgasmo no lo son todo. El ser humano quiere más. Y puede más. Lleva en sí un potencial que excede todo lo que brinda el grupo. Sin embargo, estas poderosas fuerzas no se liberan hasta que el ser humano se adentra en la soledad, se entrega al silencio cósmico y abraza la eternidad, como lo hicieron Buda, Jesús, los padres del desierto, Rousseau, Nietzsche, Wittgenstein y tantos otros. Seguro que existe el aislamiento patológico de la sociedad, seguro que existe el egocentrismo estéril, pero igualmente seguro es que existe la expedición a la soledad, de la que se vuelve con un tesoro espiritual para todos, aunque sólo sea el reflejo del milagro en un rostro feliz.

Al menos, ésta es mi opinión. La opinión de un isleño.

Para seguir leyendo recomiendo:

La versión no abreviada de *Robinson Crusoe* y *Emilio* de Rousseau.

6

El valor cívico

o

*¿Cuánto coraje puede exigírsele
a una persona?*

«Si se te parte el corazón, conserva el valor.»

(Adelbert von Chamisso)

Durante algunos años, tuve ocasión de ejercer como profesor bajo la severa mirada de Karl Jaspers. Su retrato confería cierta dignidad patriarcal al aula del antiguo instituto de Oldenburg. Frente al filósofo, colgaba el retrato del teólogo Rudolf Bultmann, que tampoco puede decirse que sea precisamente el alma de la fiesta. Así pues, mientras mis alumnos hacían sus exámenes de filosofía, eran vigilados por tres furiosos gigantes intelectuales a la vez.

En 1901, el alumno Jaspers tendría que haber pronunciado el discurso final de bachillerato en aquella misma aula. En el idioma de Cicerón, como era costumbre por aquel entonces. La educación secundaria humanística habría debido exhibirse en todo su esplendor ante los padres. Pero Jaspers se negó: «No hemos aprendido tanto latín como para hablar en latín. Este discurso artificialmente preparado es un fraude al público».

Es curioso que escogieran a Jaspers para pronunciar este discurso. Si bien era el primero de la clase, tenía fama de testarudo y de ir por libre. Con el director, tuvo un altercado de carácter personal. Cuando sus compañeros se organizaron en asociaciones nacionalistas, él se mantuvo ostensiblemente al margen y explicó: «No pienso ingresar en ninguna asociación, no quiero formar parte».

1901: auge del chauvinismo alemán. En China, los «hunos» del emperador Guillermo sofocaron la rebelión Bóxer. En el África Suroccidental, la valentía teutona masacró a los hereros y los hotentotes. En el país dominaba la euforia. Alemania era una potencia mundial. El pensamiento militar estaba muy de moda. Incluso en las escuelas.

Sin lugar a dudas, había muchos jóvenes que disfrutaban de la rígida disciplina. De Diederich Hessling, el «súbdito» de Heinrich Mann, se dice: «Pues Diederich era de tal naturaleza que le hacía feliz pertenecer a un todo impersonal, a este organismo implacable, inhumano y mecánico que era el instituto, y el poder, el frío poder del que él mismo participaba, aunque sólo fuese padeciendo, era su orgullo. El día del cumpleaños del catedrático adornaron con guirnaldas la cátedra y la pizarra. Diederich hasta le puso una guirnalda a la caña de junco».

Jaspers había recibido otro tipo de educación. Su modelo era su inconformista padre –director de banco, apasionado cazador y acuarelista aficionado– que decía de sí mismo: «No tolero tener jefes». A propósito de su casa paterna, escribió el filósofo: «Sin Iglesia, sin referencia a una autoridad objetiva, la falsedad se consideraba el peor de los males. Y casi tan mala como la falsedad era la obediencia ciega. ¡Ambas estaban terminantemente prohibidas! Por eso, nuestro padre enfrentaba mi resistencia con una paciencia infinita. Cuando me resistía a hacer algo, no se me respondía con una orden, sino con la explicación de por qué era razonable hacer lo que me decían».

Es obvio que con semejantes máximas, Jaspers metería la pata en la Alemania de Guillermo II. También con sus coetáneos. «Durante aquella época, hasta mis compañeros de clase me dejaron en la estacada. Hacían causa común con el director. Siempre que había una disputa, yo era el buscapleitos, el testarudo que no se integraba.»

El valor tiene muchas caras. Sócrates ante el tribunal, Cortés en Tenochtitlán. Charlotte Corday en la bañera de Marat. *El caballero, la Muerte y el Diablo* de Durero. El furibundo obispo de Münster Graf von Galen. Millones de hombres, mujeres y niños hace tiempo olvidados.

El ejemplo clásico de valor proviene de la Antigüedad. Lo narró Herodoto. Un puñado de espartanos a las órdenes del rey Leónidas defienden el desfiladero de las Termópilas de todo un ejército de persas. El rey Jerjes envía mediadores: «¡Deponed las armas!». Respuesta: «¡Venid a cogerlas!». Mediadores: «¡Nuestras flechas oscurecerán el cielo!». Respuesta: «¡Tanto mejor!

Así lucharemos a la sombra». En el julio griego, una auténtica ventaja.

Leónidas y sus hombres lucharon a la sombra y a la sombra murieron. Al cabo de tres días, los trescientos espartanos y los refuerzos que quedaban fueron masacrados, pero los persas tuvieron muchas pérdidas que lamentar, y esos tres días salvaron a Grecia. Si no hubiese sido por Leónidas, Sócrates habría nacido esclavo. Los griegos erigieron un monumento al héroe: «Viajero, si vienes a Esparta, cuenta que has visto cómo impera la ley entre nosotros».

El valor, asociado a la obediencia, ha despertado la simpatía de los poderosos de todos los tiempos y se ha abierto paso en los libros de texto. La valentía sin obediencia siempre ha resultado sospechosa. El revolucionario también ha de tener sangre fría, la fiera también lucha desdeñando la muerte, el criminal tampoco se arredra ante riesgos. O, como se leía en el «Almanaque de las musas» de 1799: «El mameluco también demuestra valor; la obediencia es el atavío de Cristo».

Extrañamente, la obediencia nunca ha formado parte de las virtudes cardinales, ni de las cuatro clásicas (la justicia, el valor, la sabiduría y la templanza) ni de las tres cristianas (la fe, la caridad y la esperanza). Pero en la educación de los niños, en el Ejército y en la Iglesia, ocupa una posición clave. El pecado de Adán no fue la glotonería, sino la desobediencia. A pesar de que en los discursos solemnes de los días de fiesta se diga lo contrario, el objetivo de la instrucción militar es crear una maquinaria de guerra bien engrasada, que en caso de urgencia no recuerde el imperativo categórico, sino que funcione a la perfección. Y Friedrich A.W. Diesterweg, un influyente pedagogo del siglo XIX, elevó la obediencia a la categoría de «virtud cardinal de los niños».

Jaspers no era ni un revolucionario ni un criminal, y una enfermedad pulmonar crónica le impedía convertirse en una fiera. La desobediencia no significa necesariamente anarquía. Uno también puede cumplir la orden de una voz interior. El ejemplo clásico de ello nos lo proporciona un contemporáneo de Herodoto, el poeta trágico Sófocles.

Dos hijos de Edipo cayeron en la guerra de los siete contra Tebas: Eteocles, de parte de la ciudad, y Polinices, de parte de los rebeldes. Al primero se lo entierra con todos los honores, al otro se lo arroja fuera de la ciudad, «sin darle sepultura ni llorarlo, para feliz hallazgo de los pájaros». Se decreta que quien lo entierre por su propia cuenta será lapidado.

Antígona, la hermana de Polinices, desoye la prohibición. Le atrapan y le llevan ante el rey Creonte para pedirle cuenta de sus actos.

«—¿Has oído la prohibición que proclamó el heraldo?
—Desde luego. ¿Cómo no oírla? Grita lo bastante fuerte.
—¿Y no obstante has infringido descaradamente la ley?
—No ha sido precisamente Zeus, quien envió al heraldo.»

El antiguo y eterno conflicto: la ley humana y el mandato divino. La justicia y el derecho natural. La razón de Estado y la voz de la conciencia. El idealismo y la política realista. Leónidas se sacrificó *por* la patria. Antígona se sacrificó *contra* su ciudad natal Tebas, por una idea. ¿Qué idea? ¿La piedad? ¿La humanidad? No, Antígona murió por la idea de su propia integridad. Por la integridad de su persona. Prefiere morir antes que vivir con las manos sucias.

*

En 1924, Jaspers es catedrático de filosofía en la Universidad de Heidelberg. Hitler dicta *Mi lucha* en la prisión de Landsberg. Es probable que Jaspers aún no conozca el nombre del golpista fallido. Hasta que los nazis suban al poder, seguirá tomándolos por una ridícula aparición. Él tiene otras preocupaciones.

El profesor Gumbel habla en un acto pacifista. Recuerda a los muertos de la guerra mundial «que, no diré que murieron en el campo del deshonor, pero sí perdieron la vida de una forma atroz». Esto ya es motivo suficiente para un procedimiento disciplinario. Jaspers integra la comisión investigadora. La Facultad decide retirar a Gumbel el permiso para enseñar. Jaspers es el único que, pese a las fuertes presiones de los círculos nacionalistas, mantiene su dictamen: la declaración de Gumbel no constituye de ningún modo una difamación de los soldados caídos. Una vez reexaminado su caso, Gumbel pudo seguir enseñando.

Tal como escribe su amigo Curtius, Jaspers es «la conciencia viva de la Facultad». La conciencia siempre está más allá de nuestros actos, *por encima* de nuestros actos. Lo mismo ocurre con Jaspers. Alejado de los trillados senderos académicos, se dedica a la filosofía de la conciencia. La mayoría de nuestros actos obedecen a impulsos u objetivos, pero en ocasiones actuamos «de forma incondicional», siguiendo la voz de la conciencia. «La incondicionalidad de la acción en el mundo», escribe Jaspers, «sólo es posible cuando, por así decirlo, he *salido* del mundo y sólo entonces *retrocedo* hasta él». Uno ha de imaginarse fuera de su vida para poder observar y juzgar la vida en sí misma. Es necesario haber oído alguna vez el silencio de la muerte, para percibir el requerimiento de lo incondicional.

Jaspers está gravemente enfermo desde su juventud. Sólo sigue vivo gracias a su autodisciplina y a la suerte de haber encontrado un buen médico. Antes de dedicarse a la filosofía, ha estudiado medicina y trabajado como psiquiatra. Conoce la muerte dolorosa y la locura.

En 1933, la locura y la muerte también invaden el idilio de la república de los sabios de Heidelberg. La mujer de Jaspers es judía. Como él goza de fama internacional, aún le permiten seguir enseñando y publicando algunos años más. Hasta 1938. Jaspers había perdido la oportunidad de emigrar cuando aún estaba a tiempo. Ahora Gertrud ya no puede obtener un permiso de salida. Los dos se procuran ampollas de cianuro, por si acaso. Su transporte a la cámara de gas está previsto para el 14 de abril de 1945. Dos semanas antes, los norteamericanos liberan la ciudad de Heidelberg.

*

Después de la guerra, la mayoría de los alemanes estaban ocupados negando toda clase de culpas. Pero Jaspers luchaba con el trauma del que se ha salvado. «Los supervivientes no buscamos la muerte. No salimos a la calle cuando se llevaron a nuestros amigos judíos, no gritamos hasta que nos aniquilaron. Preferimos seguir viviendo por la débil aunque verdadera razón de que nuestra muerte no hubiese servido de nada. Estar vivos es nuestra culpa.»

Jaspers fue fiel al ideal de la veracidad. A diferencia de Heidegger y a diferencia de la mayoría de sus colegas, se planteó la cuestión de la culpabilidad, en primer lugar, en relación consigo mismo. Eso lo convirtió en el símbolo de una nueva Alemania, pero también –de nuevo– en un marginado no querido. En 1948 –a la sazón tenía 65 años– decidió aceptar una cátedra en la Universidad de Basilea. Alemania reaccionó con indignación hacia el «traidor a la patria». Karl Jaspers murió en 1969, dos años después de haber adoptado la nacionalidad suiza.

El valor civil tiene muchas caras. Janusz Korczak, un pedagogo reformista polaco, acompañó a los huérfanos que tenía a su cuidado al campo de exterminio de Treblinka y murió con ellos. El carpintero Georg Elsner construyó una máquina infernal para asesinar a Hitler en la cervecería Bürgerbräukeller de Múnich. Pero una casualidad hizo que se malograra el atentado. Elsner fue ejecutado poco antes de que acabara la guerra. El camino del santo, el camino del autor de un atentado. El camino del filósofo Karl Jaspers fue menos heroico. Él veía la verdad, pero no fue capaz de llegar hasta las últimas consecuencias. En 1937 aún podía seguir dando clases. No fue detenido.

Cuando estaba en el instituto, ya dosificaba sus protestas de modo que no pudiese pasarle nada grave. Nunca llevó la confrontación hasta el extremo de que lo expulsaran del colegio. En el momento decisivo, cedía: «Una persona no lo puede todo».

Lo que más hacía sufrir a Jaspers era apartarse del camino recto. «A lo largo de la historia, han seguido ese camino los individuos que arriesgaron su vida por cumplir un requerimiento incondicional: se mantuvieron leales cuando la deslealtad lo habría estropeado todo, habrían envenenado la vida salvada a costa de la deslealtad, se mantuvieron leales cuando la traición al ser eterno habría hecho que el resto de su existencia fuera desdichada.»

Consciente de su fracaso, Jaspers volvía la vista a los filósofos que habían aprobado el último examen, a Sócrates y Tomás Moro, a Séneca, Boecio y Giordano Bruno, los legendarios modelos que «sin pertenecer a ninguna comunidad religiosa en el mundo que fuera importante para ellos, solos ante Dios, hicieron realidad la frase: filosofar quiere decir aprender a morir».

Una vieja frase. Montaigne escribió un ensayo sobre ella. Cicerón ya la citaba. Con los siglos, se convirtió en un clisé filosófico, tan trillado como el asombro socrático, tan gastado como la parábola de la caverna. Después del holocausto, la frase suena completamente equívoca. ¿Hay que saludar impasible a la guadaña, aunque lleve un uniforme de las SS? La filosofía: el tranquilizante de la biblioteca. No, no puede ser.

Quizá después de Auschwitz filosofar signifique aprender a luchar. Y, cuando la lucha es inútil, aprender a fracasar. Pues el fracaso también es un arte: «Para una persona, es decisiva la forma en que experimenta el fracaso: si el fracaso le queda oculto y sólo lo vence realmente al final, o si es capaz de verlo desvelado y lo tiene presente como el límite permanente de su existencia; si adopta soluciones fantásticas y tranquilizadoras, o si lo acepta de buena fe, guardando silencio ante lo inexplicable. El modo en que una persona experimenta su fracaso justifica lo que llega a ser».

Los alumnos del aula del antiguo instituto escriben con empeño su examen de filosofía. Tema: el valor civil. Karl Jaspers los mira, serio, desde lo alto. Yo lo miro a él, melancólico, desde abajo. Jaspers no fue un gran héroe, pero nunca fingió serlo. Y muchas veces había demostrado tener agallas, cuando otros metían el rabo entre las piernas. ¿Qué habría hecho yo en su lugar?

En los exámenes, casi todos los alumnos se pronunciaron *a favor* del valor civil. Sólo uno, un eterno buscapleitos, defendía la obediencia ciega.

Para seguir leyendo recomiendo:

Introducción a la filosofía de Karl Jaspers (Barcelona 1989). Y no se deje intimidar por el peculiar estilo del filósofo. Con el tiempo, uno se acostumbra.

7
El trabajo
o
Sísifo y la piedra filosofal

«El hombre nació para trabajar,
como el pájaro para volar.»

(Martín Lutero)

Mi relación con el trabajo siempre ha sido contradictoria. Comparto esta esquizofrenia con la mayor parte de la humanidad. No se puede vivir sin trabajar, y sin embargo nos gustaría dejar de trabajar. Tan pronto nos lanzamos al trabajo con entusiasmo como nos saca de quicio. Por un lado, nos garantiza bienestar y progreso; por otro lado, no hay derecho a que le pidan a uno que todos los días laborables se despierte a las seis y veinte con un sonido estridente. Los que pueden permitírselo, tiran el despertador por la ventana y se limitan al trabajo de sus sueños. Al principio, era el ocio paradisíaco. Según dicen, el trabajo duro nos lo impuso un dios furioso como castigo.

El arquetipo de los trabajadores forzados es Sísifo, un pecador de la mitología griega, que está obligado a empujar una enorme roca cuesta arriba para expiar su culpa. Apenas llega a la cima, la roca rueda cuesta abajo con estrépito, y la faena infernal vuelve a comenzar una y otra vez, para siempre jamás. El filósofo Albert Camus interpretó este mito: «En la actualidad, el trabajador trabaja toda su vida en iguales condiciones, y su destino es igualmente absurdo». En efecto, ¿acaso cada jornada laboral no es una montaña de Sísifo: una montaña de piedras, de expedientes o de platos sucios? ¿Y toda persona medianamente sensata no debería suicidarse en vista de la falta de sentido de semejante vida?

Camus dice que no. Para él, Sísifo es el «héroe del absurdo», que supera su castigo aceptándolo y fundiéndose con él: «Un rostro que se afana tan cerca de la piedra se vuelve piedra también. Veo que este hombre desciende, con pasos torpes pero regulares, a la tortura cuyo final desconoce. (...) Es más fuerte que su roca (...). La lucha contra la cima puede llenar el corazón de un hombre. Debemos imaginarnos a Sísifo como una persona feliz».

¿El castigo, una suerte? Eso es algo tan absurdo como trivial.

Yo me crié en un pueblo protestante, vale decir, en un pueblo completamente absurdo. Sísifo conducía un tractor. El trabajo era un precepto religioso y una adicción psíquica. El tiempo desperdiciado era tiempo mal empleado, que producía mala conciencia. Las personas decentes olían a sudor por la noche, y los callos lo disculpaban todo. La pereza era la madre de todos los vicios y el caldo de cultivo de la locura.

Cuántas veces me han dicho: «¿Qué haces rumiando otra vez? ¡Trabaja, que así no se te ocurrirá hacer ningún disparate!».

A lo cual yo replicaba en silencio: «¡Ni tampoco nada *inteligente!*».

Sea como sea, el trabajo marca tanto nuestra vida que bien merece un par de ideas filosóficas.

*

Aunque el trabajo a veces nos parezca una maldición, aceptamos de buen grado sus productos. Si no fuera por el trabajo, aún andaríamos desnudos por los árboles y viviríamos al día. Los primeros héroes del trabajo fueron los productores de fuego, los fabricantes de picos, las tejedoras de redes y las recolectoras de bayas. Todos ellos producían herramientas y alimentos con tecnología y esfuerzo. Al mismo tiempo, y sin quererlo, convertían al lémur en *homo faber*. El ser humano actual es *en parte* un producto del trabajo de sus antepasados.

El trabajo nos ha dado una segunda naturaleza, una naturaleza de prótesis agradables: la casa, que me protege del viento y de los ladrones; mi utilitario inglés, que me protege de la riqueza; mi ordenador, con sus juegos enemigos del trabajo. Me pregunto cuántos campesinos, carniceros, obreros, camioneros y comerciantes han contribuido a que mi nevera esté llena ¿Cuántas personas han de colaborar para que yo me pueda comprar una pizza congelada barata, desde el cultivo del maíz para la carne de cerdo del salami hasta la tala para la caja de cartón, pasando por la extracción de petróleo para la bolsa de plástico?

No olvidemos los frutos del trabajo cultural. El concierto de piano de la radio suena ligero como el gorjeo de un pájaro, pero hace falta un trabajo de negros de muchos años para hacer de un pequeñajo un Horowitz. En la emisora trabajan redactores musicales e ingenieros de sonido. ¿Y qué anónima asiática habrá atornillado mi radio con dedos hábiles?

Y luego, los libros diseminados por todo el cuarto de estudio. Me imagino los lectorados, las imprentas, las distribuidoras, las librerías, sin mencionar a los autores. Pero, un momento: ¿por qué pasar por alto precisamente a los autores? Este texto también es trabajo. Cada palabra es un destilado de sangre, sudor y café; cada frase, una penosa expedición al desierto de sal del monitor. A pesar de los orgasmos que se alcanzan de vez en cuando, escribir también es un trabajo pesado. Ya lo creo.

*

Pongo por testigo a Franz Kafka: «Seguir trabajando sin falta», apunta el 2/12/1914 en su diario. «Lástima que hoy no sea posible, porque estoy cansado y me duele la cabeza; ha empezado a dolerme por la mañana en la oficina. Seguir trabajando sin falta. Tengo que hacerlo, a pesar del insomnio y de la oficina». El 8/12: «Ayer, por primera vez en mucho tiempo, me sentí indudablemente capaz de hacer un buen trabajo». El 14/12: «El trabajo avanza con una lentitud deplorable...».

Cuando Kafka habla de «trabajo», siempre se refiere a la escritura, mientras que su trabajo remunerado en la «Compañía de seguros de accidentes de trabajo» se esconde tras la palabra «oficina». La «oficina» no es «trabajo», sino todo lo contrario: sabotaje del «trabajo». Kafka se desespera: «Todo está dispuesto en mí para un trabajo poético y para mí dicho trabajo sería una solución celestial y una auténtica resurrección, mientras que aquí, en la oficina, por cada trozo de expediente miserable debo robarle un trozo de carne a un cuerpo capaz de semejante felicidad».

La discrepancia entre «oficina» y «trabajo» casi mata a Kafka. A escala moderada, este mismo dilema está presente en muchas personas. Por un lado está la empresa, el puesto de plantilla, los negocios; por el otro, aquello por lo cual se siente auténtica vocación, una tarea a la que dedicar la vida, ya sea el arte, la ciencia, la cría de palomas o la actividad parroquial.

¿En qué consisten estas tareas a las que se consagra la vida?

Kafka, por ejemplo, se dedicaba a fijar los personajes de sus fantasías nocturnas en historias y de esta forma daba a luz lo más íntimo de su ser. El «trabajo» relegaba todas sus demás necesidades a un segundo plano, incluso el amor. El «trabajo» se convirtió en la razón de su vida, en la única expresión de la vida. Ahora, cuando hablamos de Franz Kafka, no pensamos en un agente de seguros de Praga, sino en Josef K., en Gregorio Samsa, o en aquel convicto anónimo de *En la colonia penitenciaria* que debe llevar grabada en la espalda la ley «Honra a tus superiores».

*

Magnum opus —la obra maestra—, así llamaban los alquimistas a la fabricación de la «piedra filosofal», la milagrosa *lapis philosophorum*. La «piedra» se obtenía mediante misteriosos procedimientos a partir de la *prima materia,* la sustancia caótica primigenia. Para que la «obra maestra» fuese posible, debía ir acompañada de una purificación del alma del alquimista. El duro trabajo en el fuego y la transmutación del alma estaban indisolublemente ligados. La persona del experimentador constituía una parte esencial del experimento. La «piedra filosofal» terminada proporcionaba al alquimista la perfección interior.

Los creadores están familiarizados con este proceso. Ellos crecen y se transforman junto con su trabajo. El manuscrito acabado, el cuadro terminado o la sinfonía concluida también son las actas de una mutación personal. En este sentido, pues, «trabajar» significa descubrirse a sí mismo, definirse, *llegar a ser uno mismo.*

Los alquimistas comparaban la fabricación de la «piedra» con la creación del mundo. Sin duda, Kafka creó un mundo peculiar y fantástico. Al igual que Schopenhauer en su *magnum opus: El mundo como voluntad y representación.* Todos estos son ejemplos de obras maestras, de auténtico trabajo.

¿Y qué pasa con el Creador de todos los creadores? ¿«Trabaja» Dios? Por lo que sabemos de Él, debemos contestar que sí. «Y acabó Dios en el día séptimo la obra que hizo; y reposó el día séptimo de toda la obra que hizo.» Dios trabajó sucesivamente de maestro de obras, arquitecto de jardines, escultor, cirujano, guardián de las buenas costumbres y juez. Sólo después de desalojar el paraíso, pudo reponerse un poco.

*

¿Pero por qué se tomó tantas molestias? ¿Acaso tenía necesidad de enfadarse con sus rebeldes criaturas? Imaginemos al Creador sin la creación. ¿Qué hacía? Estaba semiinconsciente, según supone Schelling, sumido «en una serena reflexión sobre sí mismo». Toda su maravillosa omnipotencia estaba desaprovechada. No ocurría nada. El tiempo no pasaba nunca. Sólo podemos intuir lo que sucedió entonces. Dios sufrió una crisis de identidad, y se dijo (como muchas personas después de Él): «Quiero hacer algo para ver de qué soy capaz».

Él lo tenía más fácil que un arquitecto mortal. Pues, por lo general, en los productos artesanales e industriales intervienen dos factores: naturaleza y trabajo (madera y banco de carpintero, mineral de hierro y acería). Sin los elementos de la naturaleza, no se pueden hacer ni castillos en el aire. Por regla general, la materia prima se resiste a ser elaborada. A ningún árbol le gusta que lo conviertan en un confesionario. El carpintero debe forzar a la madera a adoptar la forma correcta, utilizando la fuerza y la técnica. Por eso, los productos del trabajo humano son, en el mejor de los casos, compromisos y, bastante a menudo, chapuzas.

Sólo la creación divina es naturaleza y trabajo a la vez. Surge de la nada cuando Dios dice «sea». No existen discrepaciancias entre plan y ejecución. Por eso, la creación es la perfecta expresión de la esencia divina.

Y, al menos en la opinión de algunos teólogos y filósofos idealistas, ésta es la verdadera razón de que existan cosas materiales. Dios quiere reconocerse a sí mismo. Sólo creando el mundo, toma conciencia de todas las posibilidades que están latentes en Él. El mundo es la autorrevelación de Dios.

*

Los artistas e investigadores geniales, los empresarios visionarios y los filósofos originales, los cocineros creativos y los jardineros apasionados trabajan por motivos semejantes. Lo que desean es hacer realidad sus ideas, liberar su talento. Su vida adquiere sentido gracias a la obra maestra.

Sin embargo, para la mayoría de la gente el trabajo no desempeña un papel fundamental. Se identifican con él hasta cierto punto, lo realizan en parte por placer y en parte por sentido del deber, les sirve para ganarse un pan sencillo, pero el centro de su vida es otro, por ejemplo, la familia o el gimnasio. La mayoría de la gente trabaja por dinero, para sentir la satisfacción de que se le necesita por sus dones y destrezas, y porque el empleo trae aparejada una posición social. Lo normal es que uno se apropie por momentos del trabajo impuesto por factores externos, pero con la vista puesta en el reloj y el calendario: ¿no falta poco para salir del trabajo, no falta poco para el fin de semana, no falta poco para las vacaciones?

Cuando lo personal se queda corto, lo normal puede convertirse en una tortura. Entonces el trabajo se transforma en una camisa de fuerza y en una tortura china: cada día una gota que horada la vida. Quien no logra verle un sentido personal a su trabajo, se degrada a la condición de robot, de pieza de una maquinaria, de cosa.

El trabajo que se vive como sumisión es una doble desgracia. En lugar de dar alegría, enferma. La obra maestra conduce al encuentro con uno mismo; la sumisión, a la alienación de uno mismo. La obra maestra es la realización de uno mismo; la sumisión, la violación de uno mismo. El amor es lo único que tiene una importancia similar a la del trabajo para el desarrollo de la personalidad. La obra maestra se corresponde con el gran amor –la profesión que abrazan con poco entusiasmo los matrimonios de conveniencia–; la sumisión, con la *non sancta* prostitución.

A decir verdad, deberíamos besarles los pies a los jefes de personal cuando nos liberan de una sumisión. Y, sin embargo, los que lo hacen son los menos, pues a menudo el desempleo parece aún más deprimente que la sumisión. Las causas de esta depresión son los perjuicios económicos, la pérdida del estatus social y la falta de autoestima.

¡Feliz aquél que se queda sin trabajo siendo filósofo (o aquél que descubre su vena filosófica cuando se queda sin trabajo)! Pues, como ya dijo Sócrates: «Quien menos pretensiones tiene, más cerca está de los dioses». El estatus social es tan irrelevante para el bienestar del sabio como el Porsche delante de la puerta de casa. Y el valor de una persona de ningún modo puede depender de su perfecto funcionamiento como pieza del proceso de producción o administración. Es más, su valor quizá resida, precisamente, en salirse de la gran maquinaria (como las ruedas dentadas del aparato de ejecución de *En la colonia penitenciaria* de Kafka).

*

No es mi intención ridiculizar o heroificar la miseria del desempleo masivo, pero me permitiré indicar el lugar común filosófico de que no son las cosas en sí mismas las que nos animan o deprimen, sino nuestras ideas de las cosas: *en parte,* la desgracia del desempleo reside en la hegemonía de una falsa conciencia, falsa por demasiado material y demasiado influenciada por factores externos.

Me gustaría proponer una reforma: que en cada oficina de empleo se designe un filósofo que dicte cursos sobre el tema «El ocio feliz: un signo de sabiduría». Si yo pudiese impartir uno de estos cursos, empezaría por un episodio de las memorias del filósofo Paul Feyerabend:

«A menudo, acompañaba a mi madre a la peluquería.

–¿Qué quieres ser de mayor? –me preguntaban las mujeres.

—Pensionista —decía yo.

Y tenía un buen motivo. Cuando estaba en el parque haciendo castillos de arena, solía ver a hombres nerviosos con portafolios corriendo detrás de tranvías repletos.

—¿Qué hacen ésos? —le pregunté un día a mi madre.

—Van al trabajo —me dijo mamá.

Entonces vi a un hombre viejo que estaba sentado tranquilamente en un banco, disfrutando del sol.

—¿Y por qué ése de ahí está sentado sin hacer nada? —pregunté.

—Porque es pensionista.

Después de todo esto, me pareció que la vida de los pensionistas era bastante tentadora».

Luego, iría con los alumnos al parque, a dar de comer a los patos y contemplar las nubes. Ésta sería una medida útil para el perfeccionamiento. Como lectura adicional, recomendaría al filósofo norteamericano Henry Thoreau, que fue un inútil de mala fama y un acérrimo detractor de nuestra sociedad de la prostitución. «Si alguien se pasa medio día paseando por los bosques, porque le encantan los bosques, corre el peligro de que se le considere un gandul; en cambio, si se pasa todo el día trabajando de empresario y permite que se talen esos bosques y la tierra se quede sin árboles prematuramente, se le considera un ciudadano trabajador y emprendedor.» Y: «La mayoría de la gente se sentiría ofendida si le ofrecieran un trabajo que consistiera en arrojar piedras por encima de una pared y luego volver a arrojarlas al otro lado, sólo para ganar un salario.

Pero son muchos los que hoy en día tienen una ocupación que no es menos absurda que ésa».

*

En nuestra sociedad, el «trabajo fijo» ha asumido una función que durante muchos siglos desempeñó la Iglesia. Los que han perdido el fetiche del trabajo podría decirse que están excomulgados. Y así es como se sienten: excluidos y desamparados. Como si la Iglesia tuviese el monopolio de la fe, como si no existiera ningún trabajo útil que no sea un empleo fijo y remunerado según la tarifa. «Una persona capaz y valiosa hace lo que puede, tanto si la sociedad le paga como si no», escribe Thoreau. «Los incapaces ceden su incapacidad al mejor postor, y siempre están esperando que les den un cargo (...) Yo espero de todo corazón no vender nunca mi primogenitura por un plato de lentejas.»

Thoreau se ganaba la vida realizando trabajos ocasionales como agrimensor, zapatero, y dando clases de vez en cuando. En el verano de 1845 se trasladó a una apartada cabaña a orillas de un lago en los bosques, donde pretendía hacer realidad su ideal de una vida simple y natural. El experimento no salió del todo bien. Al cabo de dos años, el ermitaño regresó a la civilización. Si bien los profetas se van a vivir al desierto de vez en cuando, su auténtica profesión es predicar.

Necesitamos tipos como Thoreau, que prediquen contra el estúpido trabajo dorado, porque tendemos a olvidar con mucha facilidad:

- que el desempleo puede ser algo más que andar ocioso, inútil y desesperado, en la sala de espera de una estación de la que hace mucho tiempo que no sale ningún tren: puede ser negarse con dignidad a correr tras un tranvía repleto y tener libertad para dedicarse a una tarea útil;
- que el trabajo puede ser algo más que un pacto funcional para mantener el nivel de vida material o el absurdo activismo de la rueda del hámster: puede ser trabajo en sí mismo y por el bien de la humanidad;
- y que, si bien Sísifo está condenado a la piedra, entre las innumerables y variadas rocas del valle, hay una que le espera *sólo a él:* arrastrándola incansablemente cuesta arriba, lleva a cabo la obra maestra y completa la «piedra filosofal», es decir, se completa a sí mismo.

Para seguir leyendo recomiendo:

El libro más conocido de Thoreau: *Walden, o la vida en los bosques,* (Barcelona 1976).

8

La evolución

o

¿Adónde viajamos?

«Si observo mi desarrollo y la meta que éste
ha tenido hasta ahora, ni me quejo ni estoy satisfecho. Las manos en los bolsillos del pantalón, la
botella de vino sobre la mesa, me paso la mitad
del tiempo tumbado y la otra mitad sentado en la
mecedora mirando por la ventana.»

(Franz Kafka, *Informe para una academia*)

Por la ventana de la cocina veo el *City-Fitness*. Al
atardecer, el aparcamiento se llena y jóvenes con bol-
sos deportivos, solos o de a dos, desaparecen con paso
ligero tras la puerta de vidrio. Evidentemente, el nego-
cio prospera, y no es el único. En el otoño de 1998
había 5.400 gimnasios en Alemania, con tendencia
al alza. ¿Quién se habría atrevido a pronosticar semejante desarrollo hace treinta años? Por aquel entonces,
la gente se encontraba para hacer manifestaciones de
protesta, asambleas estudiantiles o el amor. ¿Pero la

comuna I haciendo un entrenamiento colectivo? ¿Rudi Dutschke en la Larga Marcha sobre la cinta de correr? ¿Todos cantando a pleno pulmón *«¡Fit, fit, fit for fun!»* en la Kurfürstendamm? No, nada de eso habría encajado en el panorama de aquella época.

En el 68, «adaptado» –el significado primitivo de «fit»– era casi un insulto. La idea de que es necesario adaptarse al mundo para sobrevivir se consideraba una doctrina contrarrevolucionaria. Pero ¿quién discutía en aquella época sobre *Darwin?* ¿A quién le interesaba la *evolución,* cuando la hermana menor era tan irresistible? ¿Y ahora? La generación del 68 ha quedado reducida a un par de fósiles vivientes. Sus sucesores, los ecologistas, están siendo desbancados sin piedad por la fracción *fit for fun,* y la oscura «generación Y» ya está al acecho.

*

Dicen que en la actualidad hay tribus que viven de modo no muy diferente a cómo vivían hace mil años. Nuestra sociedad, por el contrario, cambia continuamente. Lo «nuevo» es un valor en sí mismo. La economía y la ciencia se encuentran en la infinita recta final. El microchip marca el ritmo, y el ritmo es embriagador. No pasa un día sin que el sector de los laboratorios informe de un nuevo éxito; nada parece imposible.

Ya casi nos hemos habituado a la embriaguez de la velocidad, y sin embargo los triunfos del progreso rozan el milagro. Sobre todo, si tenemos en cuenta que todos esos fabulosos adelantos hay que agradecérselos a un cerebro que no difiere sustancialmente de el del hombre de Neanderthal.

Pues, en comparación con el progreso técnico, la evolución biológica avanza a paso de tortuga. Nuestro antepasado *Homo rudolfensis,* que vivió hace 2 millones de años en el lago Turkana, en Kenia, disponía de un volumen cerebral de unos 700 cm³. 1,9 millones de años más tarde, con el *Homo sapiens neanderthalensis,* lo normal era tener entre 1.200 y 1.750 cm³ de pequeñas células grises. El *Homo sapiens philosophus* que en este momento está sentado a mi ordenador no debe de tener un cerebro mucho más grande. La evolución se cuenta en millones de años. Diez mil años son un abrir y cerrar de ojos. En la práctica, eso quiere decir que los pintores de las cuevas de Lascaux, los constructores de las pirámides y los filósofos naturales griegos disponían del mismo *hardware* cerebral que Albert Einstein. Sólo la «programación» marca la diferencia.

El francés Auguste Compte, un filósofo del siglo XIX, distinguía tres «programas» en el desarrollo de la mente. Al principio, los seres humanos atribuían los fenómenos del mundo a la acción divina. Éste es el estadio de la *teología.* En el estadio *abstracto,* las leyes de la metafísica pasaron a ocupar el lugar de los dioses y los demonios. En el tercer estadio, el estadio *positivo,* el ser humano va tomando conciencia de la imposibilidad del conocimiento absoluto; ya no intenta descubrir la nebulosa esencia de las cosas; se concentra en las regularidades que tienen lugar dentro de su campo de experiencia. Ya no se pregunta «¿Por qué estamos en el mundo?» o «¿Qué es la verdad?», sino, por ejemplo: «¿De qué se alimenta la lombriz de tierra?». El sendero del conocimiento comienza por la fe y sigue por la especulación, hasta llegar poco a poco al saber experimentalmente comprobable.

*

Cada estadio ha encontrado sus propias respuestas a la pregunta por el origen de la vida. En el estadio de la simple fe surgieron los mitos de la creación, por ejemplo: «Al principio creó Dios el cielo y la tierra. Pero la tierra era informe y vacía, y las tinieblas cubrían la superficie del abismo, y el Espíritu de Dios se cernía sobre las aguas. Dios dijo: "Haya luz". Y hubo luz». En un texto de las pirámides de Egipto se expresa el Creador en persona: «Sí, fui yo el que cogí mi pene, hice salir agua de simiente, la introduje dentro de mí con el puño. Me envolví alrededor de mi pene, ayudé a fecundar a mi sombra, me abaniqué bajo su nube. Lloví agua fértil que brotaba de mi boca como la cebada de la tierra». Por el contrario, los griegos órficos murmuraban: «La Noche de negras alas, una diosa por la que el propio Zeus sentía profundo respeto, fue cortejada por el viento; y puso un huevo de plata en el seno de la oscuridad; y Eros salió de aquel huevo y puso en marcha el universo».

Por más poéticos que sonaran estos relatos, la multiplicidad y arbitrariedad de los mitos de la creación tarde o temprano haría sospechar a alguien. Así nació la filosofía. Pitágoras, uno de sus más prominentes precursores, negaba rotundamente la necesidad de un origen: afirmaba que el tiempo se mueve en grandes ciclos, que el mundo es un *perpetuum mobile,* un eterno tiovivo. De vez en cuando, en la Tierra se producen grandes catástrofes, la humanidad se extingue casi por completo, y todo el proceso de la civilización vuelve a empezar desde el comienzo. En efecto, la última gran catástrofe –los historiadores datan el «diluvio» en torno al año 3000 a.C.– aún sigue rondando por la memoria de los pueblos. Echando un vistazo al cielo, también se corrobora la teoría de los ciclos. El ritmo de los días y las noches, la constante alternancia de las estaciones, el viaje de 25.000 años del Sol por el zodíaco: todo el cosmos parece una serpiente que se muerde la cola.

Si bien la pregunta por el origen quedaba resuelta, en su lugar se planteaba otra tanto más acuciante: «¿Y todo para qué?».

Al fin y al cabo, la idea de un dios creador tenía algo de consuelo, confería a la vida un punto de partida y, a la vez, un sentido y una finalidad. Mientras los pitagóricos giraban eternamente en una noria cósmica, la cristiandad emprendió una alegre peregrinación a la nueva Jerusalén. Llegada prevista: el Día del Juicio.

Así pues, la mayoría de los filósofos de Occidente se aferraron a un principio creador. Y tenían algunos motivos más que racionales para ello. ¿Cómo se explicaba el fascinante orden de la naturaleza, si no como producto de un arquitecto de ilimitada sabiduría? ¿Qué podría haber producido la abrumadora diversidad de sustancias y formas, si no un espíritu increíblemente creativo? Y, por último: ¿quién podría haberle dado al ser humano la razón, si no Dios? «Si se amontonan algunos trozos de hierro sin orden ni concierto», argumentaba el incorruptible David Hume, «jamás se dispondrán de modo tal que formen un reloj». Y con más razón el megareloj del universo y el microcosmos del ser humano, ¿iban a haber surgido *por casualidad*? No, simplemente parecía no haber otra alternativa más que Dios, el Gran relojero.

*

Justo cuando Comte formulaba su teoría de los tres estadios, un joven inglés de nariz abultada, llamado Charles Darwin, emprendía un viaje memorable. El barco de reconocimiento *Beagle,* que zarpó del puerto de Plymouth el 27 de diciembre de 1831, debía recoger datos topográficos en Sudamérica y luego retornar a Inglaterra pasando por Australia y África del Sur. A Darwin, un teólogo culto y apasionado coleccionista de mariposas, se le había encomendado realizar observaciones naturalistas en todos los lugares donde anclara el barco. Al principio del viaje, Darwin estaba firmemente convencido de la veracidad de la revelación bíblica. La impresionante riqueza de la selva brasileña para él sólo fue una prueba más de la omnipotencia divina. Pero poco a poco empezaron a surgir algunas dudas. Allí, por ejemplo, había un perezoso colgando en la verde penumbra de la cima de un árbol. Se movía, si es que lo hacía, con increíble indolencia.

Tenía la piel cubierta de musgo. Aunque en su momento el perezoso hubiese logrado pescar una plaza en el arca de Noé, ¿cómo había recorrido el largo camino desde el monte Ararat hasta Sudamérica? Había algo que no cuadraba. ¿Y cómo encajaban en la historia los gigantescos animales extinguidos cuyos restos fósiles encontró Darwin en la ciudad argentina de Punta Alta? ¿Y por qué el Creador se habría tomado la molestia de confeccionar una especie distinta de pinzón para cada una de las islas Galápagos? Las incongruencias se acumulaban. En los cinco años que duró su viaje, Darwin reunió una inmensa cantidad de nuevas impresiones (y arrojó la fe cristiana por la borda). Cuando volvió a casa y se puso a analizar sus muestras, era un ateo desapasionado. En muchos años de paciente trabajo, con las piezas del rompecabezas de las ciencias naturales –los conocimientos que había adquirido en su viaje, las sugerencias de ganaderos experimentados y las observaciones que él mismo hizo criando palomas– compuso un relato de la creación sin Creador. Él mismo encontró un símil impresionante para el principio de la evolución biológica, la «lucha por la vida»: «La naturaleza puede compararse con una superficie cubierta por diez mil cuñas afiladas (...) Las cuñas representan a las distintas especies, están muy apiñadas y, sin cesar, se las clava dándoles golpes. (...) A veces una cuña (...) que se entierra mucho saca otra; lo cual hace que a menudo las sacudidas y la conmoción se propaguen en muchas direcciones, hacia otras cuñas».

*

La principal obra de Darwin, *El origen de las especies* (1859), levantó un torbellino de pasiones, un verdadero tornado. Fue la obra científica más discutida del siglo. Fue, siguiendo con la analogía, como una nueva y poderosa cuña en las cabezas de madera. Que la Iglesia entablara la «lucha por la vida» era más que comprensible. Pero también muchos filósofos opusieron una fuerte resistencia. Una obra que derivaba la inteligencia humana de la naturaleza irracional constituía un crimen de lesa majestad contra todos los humanistas.

En el fondo, esa resistencia confirmaba la teoría de Darwin: la biología «positiva» había invadido el territorio de la Iglesia y de la metafísica y parecía capaz de destruir sus medios de subsistencia. Los científicos estaban «en mejor forma» que sus competidores religiosos y humanistas, es decir, sus postulados se adaptaban mejor a los hechos reales (el hallazgo de esqueletos de saurios extinguidos hace mucho tiempo, las posibilidades que ofrece la cría de animales, la diversidad de especies). En cambio, las tesis «creacionistas» (Dios había creado el mundo hacía no más de unos seis mil años, en el arca de Noé habían escapado del diluvio 7.877 parejas de animales, y los huesos prehistóricos los había enterrado Dios para tomarles el pelo a los biólogos) estaban en una posición difícil. No obstante, según una encuesta, hoy en día el 48 por ciento de los ciudadanos estadounidenses sigue creyendo en la fiabilidad del relato bíblico del Génesis, y en el estado de Illinois la teoría de la evolución fue suprimida del plan de estudios escolar a instancias de fundamentalistas cristianos.

*

Dejando aparte el desacreditado *Bible belt,** la religión y la filosofía se adaptaron con asombrosa rapidez a la teoría de la evolución. Los teólogos siempre pueden remitir al carácter mítico del Génesis o preguntar insidiosamente: «De acuerdo, la diversidad de especies es un producto de la evolución, pero ¿quién ha creado la evolución?» Los filósofos hasta sacaron provecho de las ideas de Darwin. La idea de la evolución puede aplicarse, por ejemplo, al desarrollo y la extinción de las teorías: mientras que en la vida real se desencadena la «lucha por la vida», en la ciencia se lucha con no menos seriedad por la «verdad» (de modo que una verdad eterna es tan imposible como una vida eterna).

Pasado el primer impacto de la teoría de Darwin, la gente normal comprendió muy deprisa que en el fondo nada había cambiado. Todo se reduce a una cuestión de formulación. ¿Ya no somos los «reyes de la creación»? ¿Y qué? Eso de «producto de primera calidad de la evolución» tampoco suena nada mal. ¿Ya no está en vigor el mandato «Poblad la tierra y sometedla»? Es igual, siendo los campeones de la «lucha por la vida» podemos valernos del derecho del más fuerte en nuestro beneficio sin que nos remuerda la conciencia. ¿Y lo de que descendemos «del mono»? También se puede vivir bien con eso. El origen humilde no es más

* Literalmente, «cinturón de la Biblia». La expresión indica la zona de los Estados Unidos en la que el fundamentalismo cristiano es más marcado (la costa suroriental de Kansas). *(N. de la T.)*

que una prueba de la capacidad del *self made man* para abrirse camino en la vida.

*

Desde luego que no nos hemos creado a nosotros mismos. El hombre del siglo XX sólo es *una* ramita del árbol de la evolución. Esta rama ha crecido sin su intervención, al igual que la ramita garrapata o la ramita huevo del diablo. No tenemos ninguna razón para estar orgullosos. Pero el ser humano del mañana se diferenciará de todos los demás seres vivos, y la evolución tampoco será la misma de antes. Los conocimientos de Darwin, el descubrimiento de la estructura del ADN, así como los progresos de la ingeniería genética, hacen posible por primera vez que un producto de la evolución *controle consciente y responsablemente* el curso de la evolución (y, por consiguiente, su propio desarrollo).

En los últimos diez mil años sólo se han perfeccionado nuestras herramientas, nuestras armas, nuestras *prótesis,* el hierro, el microscopio, el ordenador. El ser humano ha sido fiel a sí mismo. Pero ¿qué nos deparará el futuro? ¿Los genetistas pondrán en marcha una *turboevolución* y crearán al *superhombre?* ¿El estadio «positivo» en el que vivimos actualmente será sustituido por un *estadio del diseño?* ¿La tarea de la *superfilosofía* será diseñar mundos donde puedan vivir las nuevas generaciones de seres humanos? ¿Adónde viajamos?

Hay una breve e inquietante historia de Friedrich Dürrenmatt, que se titula *El túnel:*

Un estudiante –gordo, veinticuatro años, fumador y cualquier cosa menos un superhombre– sube a un tren que va de su pueblo natal a la ciudad universitaria. Un viaje de dos horas que ya ha hecho muchas otras veces. El tren entra en un túnel. Al estudiante, el túnel le parece más largo que de costumbre, mucho más largo. ¡Pero si es que no acaba nunca! ¿Es posible que un tren se pierda? Ninguno de los demás pasajeros advierte que algo no va bien. Tampoco se dan cuenta de que el camino va cuesta abajo y el tren va cada vez más y más deprisa. El estudiante se precipita hacia la locomotora. La cabina del conductor está vacía. Los frenos no funcionan. El tren se dirige a toda velocidad hacia el interior de la tierra. ¿O no? «Dios nos deja caer, y así nos arrojamos sobre Él.» Fin de la historia.

*

No, no vamos a terminar con un final tan pesimista. Mejor volvamos a mirar por la ventana de la cocina. Treinta años atrás, nadie hubiese soñado con un boom del *fitness*. Dentro de treinta años ya será historia. En el local del *City-Fitness*, quizá pongan un consultorio de «contrafamilia» (o un centro de *cybercynics*, la principal escuela filosófica del siglo XXI). ¡No se deje engañar por el nombre *cybercynics!* En realidad, se trata de neopitagóricos disfrazados. En el año 2040, un *cybercynic* ávido de poder logra crear un virus informático que se transmite a los seres humanos y es tan extremadamente contagioso que en 24 horas hace colapsar miles de millones de cortezas cerebrales. Gracias a su especial filosofía antivirus, sobreviven a la catástrofe unos 20.000 *cybercynics* en todo el planeta, aunque no sin severos daños cerebrales. Han retrocedido dos millones de años en su desarrollo intelectual. Y todo vuelve a empezar desde el principio.

Para seguir leyendo recomiendo:

La peligrosa idea de Darwin: evolución y significados de la vida, de Daniel C. Dennett (Barcelona 2000).

9

La mística

o

La añoranza del cielo

«¿Cómo voy a creer en Dios, si la semana
pasada se me enredó la lengua en el rodi-
llo de una máquina de escribir eléctrica?»

(Woody Allen)

«La religión es la visión del universo.»

(F. Schleiermacher)

En 1961, cuando Yuri Gagarin volvió de su corta
visita al espacio, pudo comunicar obedientemente: *da,*
efectivamente la Tierra es redonda. Y *njet,* no había
visto ángeles allí arriba, el cielo estaba vacío, excepto
un par de estrellas dispersas, ni rastro de Dios. ¡Como
si el ateísmo necesitara confirmación!

Ya en el siglo XVIII, los racionalistas franceses habían «desenmascarado» la religión como una chapu-
cería del clero parasitario. En las clases ilustradas, se
daba por hecho que todos los pastores y chamanes del

mundo usaban a Dios como espantajo para amedrentar al pueblo y conservar sus privilegios. En 1794, como consecuencia de la revolución, se prohibió el cristianismo en beneficio de un «culto a la razón».

El siglo XIX comparó las Sagradas Escrituras con las fuentes históricas y descubrió que la «Palabra de Dios» era una mentira de cabo a rabo. Los descubrimientos de Darwin relegaron el Génesis de la Biblia al mundo de la fábula. Pero los teólogos aún tenían *un* argumento de peso: «Todos los pueblos creen en dioses. ¿Por qué iban a hacerlo, si no existiese nada divino?» Sigmund Freud invalidó esta objeción, especulando que la religión era una consecuencia del complejo de Edipo. Un día, los hijos frustrados de las hordas primitivas de Darwin se habían aliado contra el padre-pachá, lo habían masacrado y eliminado en un acto de canibalismo colectivo. La celebración ritual de la victoria marcó el inicio de la sociedad humana, y la memoria colectiva del crimen, una mezcla ambivalente de triunfo y mala conciencia, se había conservado en la religión.

Dios era el opio de los pueblos, Dios había muerto, Dios era una neurosis obsesiva: Marx, Nietzsche y Freud, los profetas del siglo XX, declararon por unanimidad el ateísmo. Después vinieron las guerras mundiales y el holocausto. El horror del exterminio masivo ¿no reduciría al absurdo todo resto de fe en Dios? Y ahora, encima, el frío vacío del universo...

Un chiste:

Un hombre anda a rastras bajo un farol en mitad de la noche.

—¿Se le ha perdido algo? —le pregunta un policía.

—Sí, la llave.

El policía le ayuda a buscar. Al cabo de cinco minutos, pregunta:

—¿Está seguro de que la ha perdido *aquí?*

—No, perderla la he perdido *ahí atrás.* Pero aquí hay mejor luz.

El hombre que anda a rastras por el suelo es el hombre moderno. Siempre está buscando algo donde no hay nada que encontrar, ya sea la felicidad, el amor o Dios. Anda a tientas en la claridad, infatigable. Al igual que Gagarin, buscando ángeles con la vista cuando está en órbita. Pero la llave está en alguna parte *en la oscuridad.*

*

Como ocurre a menudo, el lenguaje hace todo lo posible por tomarnos el pelo. La palabra «creer» tiene dos significados radicalmente distintos. En el lenguaje coloquial, requiere un complemento:

«Creo que el tren sale a las 20.30 horas», «Creo que el Bayern de Múnich será campeón de Alemania».

En este sentido, «creer» significa lo mismo que «suponer», parece una forma subdesarrollada de «saber», impregnada de *incertidumbre.*

Lo que constituye la fe religiosa es algo completamente diferente. No se trata en absoluto de reconocer o aceptar una realidad objetiva del mundo exterior. Los ángeles no son ovnis, Dios no es el Yeti de los cielos. ¿Pero entonces qué es? Es difícil de decir. Se revela a algunos seres humanos en encuentros totalmente personales, unas veces como «sensación», otras como «voz», «luz», «oscuridad», o una paradójica «nube oscura que ilumina la noche». No hay dos revelaciones iguales. Rainer Maria Rilke, por ejemplo, describió la suya con los siguientes versos:

> «*Mi* Dios es oscuro y como una red
> hecha de centenares de raíces que beben en silencio.
> Que me nutro de *Su* calor
> es lo único que sé, porque todas mis ramas
> reposan muy abajo y sólo se agitan al viento»

Este Dios oscuro, oculto en la oscuridad, no se puede captar con el intelecto. Y como se resiste obstinadamente a una definición, es imposible de transmitir. La religión no es una receta que pueda pasar de mano en mano: «Se toma 1 bautizo, 10 mandamientos, 1 padrenuestro, 1 pizca de amor al prójimo...». Todas las llamadas pruebas de la existencia de Dios sólo prueban que Dios se sustrae a toda prueba.

Y, sin embargo, el encuentro personal con Dios disipa todas las dudas. La fe religiosa supone la mayor *certeza* posible.

*

¿Cómo hacerle comprender qué es el amor a alguien que nunca ha amado? Igual de oscura es la fe religiosa para todos aquellos que no la conocen. Su esencia siempre es mística, es decir, «hermética». No

116

se puede justificar ni refutar, sólo puede experimentarse de forma pasiva y describirse por medio de imágenes (también en este punto se asemeja al amor).

La mística, pues, *no* es la creencia en un patriarca de barba blanca con facultades creativas, ni la creencia en una confesión que uno pueda consultar, ni ninguna creencia *en algo,* sino, en palabras de Maestro Eckhart, un místico medieval: «...el movimiento del alma, que conduce al desprendimiento de todo lo creado y al reencuentro con Dios». La mística es el anhelo de saltar fuera del mundo físico, con la certeza de ser acogido por unos brazos benevolentes; es una revolución copernicana del corazón: en lugar de la voluntad de autoafirmación, aparece el ansia de auto-renuncia, auto-prodigalidad, auto-sacrificio; es la entrega incondicional a la unidad de la vida y la muerte; es la *añoranza del cielo* y el *amor universal.*

*

A decir verdad, todas las personas se topan de vez en cuando con momentos místicos, por lo general en la naturaleza virgen, en una sala de conciertos o en estado de embriaguez. El místico intenta prolongar esos momentos de éxtasis, hasta que iluminen la totalidad de su vida. Para lograrlo, está dispuesto a hacer grandes sacrificios. En el camino de la gracia, las posesiones materiales, por ejemplo, resultan un molesto lastre. El místico también renuncia a los placeres de la sexualidad. La corriente del bajo vientre puede reaparecer en cualquier momento en los campos espirituales. Es por ello que no pocas veces los éxtasis religiosos van acompañados de sensaciones eróticas, como en santa Teresa de Ávila: «¡Oh, Dios mío,», rezaba, «te ruego que me des la sangre de tu hijo, que me concedas la gracia de poder llegar tan lejos que él me bese con el beso de su boca!».

Para ser un auténtico místico, se requiere también el suicidio social, el abandono del contexto social, que a menudo se remarca vistiendo un uniforme de monje o adoptando un nuevo nombre. La despersonalización –que en la penitenciaría o en el ejército constituye una coacción particularmente humillante– en este caso crea las condiciones necesarias para un renacimiento en el espíritu de la libertad.

El primer mandamiento de la mística es «¡Deshazte de todo! De todo lo que tienes, todo lo que crees y todo lo que deseas». Los místicos cristianos toman esta exhortación en sentido figurado, los gimnosofistas –ascetas brahmánicos de la India precristiana– la tomaban al pie de la letra. Vivían desnudos en los bosques, se alimentaban de frutos y rehusaban tener relaciones sexuales. Alejandro Magno debió de filosofar con gurúes gimnosofistas en su expedición a la India. Uno de ellos, un tal Kalanos, cuando enfermó gravemente, eligió el suicidio y murió abrasado en una hoguera, en una ceremonia impresionante.

*

Por lo visto, el conquistador macedonio del mundo tenía debilidad por los filósofos. Es famosa la historia de su visita a Diógenes. Diógenes se hallaba delante de su tonel en el santuario ateniense de Cibeles. Alejandro preguntó al sabio:

—¿Puedo concederte algún deseo?

Diógenes replicó:

—Puedes apartarte para no quitarme la luz del sol.

Esta respuesta encierra el credo secreto de los llamados *cínicos,* los «perros» de la filosofía, que vivían sin patria, sin necesidades y sin respeto, en las calles y en las plazas (como chuchos sin dueño). Seguro que Diógenes no quería ponerse moreno, y tampoco le interesaba el calor, pues el fortalecimiento era uno de sus principios. Para Diógenes, el sol era un símbolo, una metáfora de lo divino. Alejandro, con toda su gloria y su riqueza, representaba al mundo. Pero la «sombra» era el eclipse de Dios en el que viven los hombres mundanos (desde el punto de vista de los místicos).

Ahora bien, los cínicos no eran místicos en sentido estricto —el celibato no era lo suyo, por ejemplo— y, sin embargo, tienen otras cosas en común con ellos, aparte de la letra *y* de la raíz griega *(kynikós, mystikós).*

*

La *y* se considera «la letra filosófica». La culpa la tiene la leyenda de «Hércules ante la encrucijada». Un día, Hércules, el hijo de Zeus, estaba dando una caminata, cuando llegó a una bifurcación (en forma de Y). En lugar de indicadores de camino, había dos indicadoras: una hetera intentaba atraer al joven hacia el ancho y ligeramente empinado camino de la felicidad, mientras una estricta institutriz lo apremiaba a escoger la escarpada senda de la virtud, bordeada de zarzales.

Hércules tomó el camino que era digno de un semidiós. Su vida consistió en trabajar desinteresadamente y luchar contra el mal de cien cabezas. Murió en la hoguera, pero siguió vivo en la memoria de la gente sencilla como un «Salvador», a quien podían implorar ayuda cuando estaban en apuros. Los filósofos cínicos veían en él a su patrono, interpretaban la «encrucijada» como la situación filosófica por antonomasia. Para ellos, la filosofía no tenía nada que ver con el afán de investigación, no era un pasatiempo intelectual ni una carrera científica. Requería una elección existencial, la sumisión a una vida auténtica, «desnuda», una vida a imitación de Hércules.

Los cínicos, pues, no son sólo un fenómeno secundario dentro de la filosofía antigua, como sugieren las anécdotas de Diógenes. Antes bien, el cinismo fue a las grandes escuelas filosóficas lo que la mística a las religiones dogmáticas. Eso explica su capacidad de resistencia/supervivencia. Durante más de 500 años, filósofos (y filósofas) cínicos ambulantes recorrieron el mundo antiguo predicando una vida sencilla y alternativa. Su uniforme, un abrigo de lana gastado que también servía de saco de dormir, se convirtió en su emblema. Algunos cínicos tenían más de hippies que de filósofos. Los charlatanes y los gorrones abusaron del venerable nombre. Pero el movimiento también captó personas que, por una genuina necesidad espiritual, querían volver la espalda –con mochila incluida– a la sociedad establecida. Y el hambre, la falta de patria, así como las noches pasadas bajo el cielo estrellado, son un buen humus para la frágil plantita de la espiritualidad.

El último cínico famoso, un tal Peregrinus (es decir, «el apátrida»), saltó a una pira ardiente para probar su total autodominio con motivo de los Juegos Olímpicos del año 167 d.C., llorado y alentado por miles de personas. Hércules y Kalanos le mandaron saludos. La opinión del público difería de la de la crítica. Unos veneraban a Peregrinus como a un santo y anunciaban su ascensión al cielo, otros decían que muerto olía aún peor que en vida.

*

El santo Peregrinus se había dedicado intensamente al cristianismo, y, en efecto, existía una afinidad electiva entre la filosofía cínica y aquella secta, cuyo evangelio rezaba: «No os afanéis por vuestra vida, por qué comeréis; ni por el cuerpo, por qué vestiréis. La vida es más que la comida, y el cuerpo que el vestido. Considerad las aves en el cielo, que ni siembran ni siegan; que ni tienen despensa, ni granero, y el Padre celestial las alimenta».

En el cristianismo –como ocurre probablemente en todas las religiones– siempre ha habido y sigue habiendo escisiones místicas. Sobre todo en la edad media tardía, muchos de los que sentían una inspiración religiosa, en vez de aspirar a un cargo en la jerarquía casi feudal de la Iglesia, escogían la intransigente Imitación de Cristo: peregrinaban por el norte de

Italia y el sur de Francia como pobres predicadores ambulantes para hacer retornar al pueblo a los orígenes del cristianismo, al amor activo hacia el prójimo, a una comunidad espiritual. El más famoso de estos místicos fue Giovanni Bernardone, más conocido como san Francisco de Asís. Cuando una grave enfermedad lo puso ante una encrucijada, regaló todos sus bienes y dejó de tener contacto con su familia. A partir de entonces, llevó el uniforme de los apátridas: hábito de pelo de cabra, saco de mendigo y bastón de peregrino. Restauró iglesias en ruinas, cuidó a los leprosos de los leprosarios y predicaba siempre que se presentaba la oportunidad, una vez hasta predicó al pueblo emplumado: «Aves, hermanas mías, debéis de estarle muy agradecidas a Dios, vuestro Creador, para cantar continuamente alabanzas en su honor, porque Él os ha dado la libertad de volar por todas partes a vuestro antojo...». Según cuenta la leyenda, los pájaros «abrieron el pico, alargaron el cuello, desplegaron las alas e inclinaron la cabeza respetuosos, para manifestar con gestos y gorjeos el gran placer que les había causado escuchar a san Francisco». Luego remontaron vuelo hacia los cuatro puntos cardinales, dibujando una cruz en el azul del cielo.

*

En la filosofía también sigue viva la tradición de la encrucijada. El danés Soren Kierkegaard fundó la filosofía existencial, cuya clave es la elección de una vida «verdadera». La francesa Simone Weil vivió su mística socialista-cristiana de manera tan radical que murió por ella. A Ludwig Wittgenstein le habría resultado fácil estar bien colocado como académico. Pero regaló su herencia millonaria, vivía sin domicilio fijo e iba tan mal vestido que a veces le confundían con un vagabundo. En cierta ocasión le preguntaron cuál era su comida favorita y respondió con cínica serenidad: «Me da lo mismo. Lo importante es que sea todos los días la misma». Desde sus años de juventud, Wittgenstein ya sabía que el conocimiento filosófico encuentra sus limitaciones en lo indecible. Su *Tractatus* acaba así: «Nosotros sentimos que, aun cuando todas las *posibles* cuestiones científicas hayan sido respondidas, el problema de nuestra vida no ha sido penetrado aún. (...) Existe, ciertamente, lo inefable. Lo inefable se *muestra* a sí mismo: es lo místico».

Ésta es una buena noticia para el novato filosófico. No hace falta hojear durante años grandes mamotretos para tener algunas nociones de filosofía. Las nociones están dormidas en cada uno de nosotros –como la fe mística– a la espera de que las despertemos.

*

No todos los astronautas cometen el error de buscar bajo la farola. El otro día escuché un programa de radio en el que algunos cosmonautas soviéticos relataban sus experiencias en el espacio. Algunos de ellos tenían varias horas de paseos espaciales y comentaban un extraño fenómeno: la impresión producida por la vastedad y profundidad del universo era tan sobrecogedora que habían sentido el impulso de cortar los cables, alejarse de la cápsula espacial y sumergirse para siempre en el abismo interestelar. Esta singular ansia era una sensación física concreta. Por lo visto, los cosmonautas, aparte de experimentar la ingravidez, habían entrado en el campo gravitacional de la religión.

Por tanto, el capítulo de la mística no está cerrado en absoluto y, por otro lado, el paseo espacial no es tan moderno como normalmente se cree. Un día, san Juan de la Cruz estaba conversando sobre la trinidad con su amiga del alma Teresa de Ávila. En medio de la charla, le invadió un arrobamiento divino. El poder del éxtasis era tan grande que se elevó con silla y todo y quedó meciéndose en el techo. Al mismo tiempo cayó en éxtasis Teresa, que estaba de rodillas al otro lado de la reja. Y también ella empezó a circular, ingrávida, por la habitación...

Para seguir leyendo recomiendo:

El ciclo de poemas de Rilke *El libro de las horas.*

10

La muerte

o

Mi asesino, mi amigo

«Por medio de la costumbre y la experiencia, puede uno fortalecerse contra los dolores, las afrentas, las privaciones y otros ocasionales infortunios similares. Pero sólo una vez en la vida soportamos la muerte. En este sentido, no somos más que aprendices.»

(Michel de Montaigne)

«Hasta ahora me he imaginado a la muerte como un personaje amable, dispuesto en todo momento a recibirme con los brazos abiertos, porque, por más satisfecho y feliz que me sienta, esta vida siempre es limitada y misteriosa, y la súbita caída del velo terrenal debe de implicar ampliación y liberación.»

(Wilhelm von Humboldt)

«No quiero alcanzar la inmortalidad gracias a mi obra. Quiero alcanzarla no muriendo.»

(Woody Allen)

Heidelberg. Algún aniversario de Shakespeare. El escaparate de la librería de la parada de autobuses estaba especialmente decorado para la ocasión. Entre las distintas ediciones, apoyada sobre terciopelo negro, sonreía, burlona, una calavera.

Un niño y una niña que venían andando sin ninguna prisa, se detuvieron y se quedaron mirando el escaparate. El niño tendría unos cuatro años y la niña, ocho.

—¿Qué es eso? —preguntó el niño.

—Una calavera —respondió la niña.

—¿Y qué es?

—Está dentro de la cabeza. La tienen todos.

El chiquillo miró a la niña con ojos espantados:

—Pero nosotros no, ¿no?

—Claro que sí —dijo ella—, nosotros también.

Nosotros también. La simplicidad de esa idea me fascinó. *Está dentro de la cabeza.* Eché un vistazo a mi alrededor y miré a los transeúntes como haciéndoles una radiografía con los ojos. Junto a mí pasaban hombres y mujeres, escolares y pensionistas, nativos y japoneses. Y dentro de cada uno, unos pocos milímetros debajo de la piel, caminaba un esqueleto. Detrás de cada rostro, una sonrisa holgazana y silenciosa regañaba los dientes.

*

«El más terrible de los males, la muerte, no nos afecta», escribe Epicuro, «mientras existimos, la muerte no está presente y, cuando llega, ya no existimos. De modo que la muerte no afecta ni a los vivos ni a

126

los muertos; pues a los primeros no los toca y los otros ya no existen. Sin embargo, la gente o bien huye de la muerte como del peor de los males, o bien la busca para aliviar los males de la vida. En cambio, el sabio ni rechaza la vida ni teme la no vida».

Elegante razonamiento. El epicúreo mantiene a distancia a la muerte. A lo sumo se hace grabar un esqueleto en el vaso para disfrutar la vida con más conciencia.

Esta actitud me recuerda al avestruz y, si hay algo que odio, es esconder la cabeza. Quiero mirar a la muerte a los ojos y sostenerle la mirada mientras pueda. La muerte siempre está presente en nosotros, desde antes de nacer. Junto con la partición de la primera célula, aparece también el germen de la muerte. El reloj de arena ya está invertido desde el principio. Los magos de la biología han logrado identificar un gen que, según dicen, es el responsable de la muerte de las células. Cuando se activa el gen Mik, la célula se desinfla en un lapso de 25 minutos y se disuelve en la nada. Por lo tanto, la muerte de cada célula está preprogramada. Y es necesario que así sea para que todo el organismo se mantenga sano. Sólo los soñadores creen que la muerte de la colonia celular que es el ser humano viene *de fuera* como Terminator, y que puede derrotarse con algún arma milagrosa. A partir de cierta edad, el desencadenante de la muerte ya no es la enfermedad, sino que el cuerpo se mata a sí mismo sirviéndose de distintas enfermedades. La muerte viene *de dentro*.

El esqueleto habita en el interior del ser humano como papá en el traje de Papá Noel, como el hueso en la cereza, como un agente secreto en la guarida de los conspiradores. Con los años se atreve a salir del envoltorio, cada vez con más descaro. Sobre todo cuando se avecina un cambio de tiempo. Entonces la frase «hoy me duelen los huesos» se convierte en el lema del día en la residencia de ancianos.

El viejo: así se titula una de las *Imágenes de la muerte* que Hans Holbein el Joven talló en madera a comienzos del siglo XVI. La Muerte conduce a un anciano hasta el borde de una tumba insondable. Un paso más y el viejo caerá al abismo. Pero él no presta atención al camino. A su lado, la Muerte toca la cítara. El viejo, fascinado, escucha atentamente su danza final. ¿Envidiable? ¿Qué es mejor: caer a ciegas en la sepultura o entrar de un salto con los ojos bien abiertos? Sea como sea, la muerte del grabado se porta bien con el viejo.

La Muerte de Holbein puede representar el papel del amigo músico, pero también puede mostrar otra cara. Al jinete, lo atraviesa con su lanza, por la espalda, con placer. Al rico que cuenta sus tesoros en la bóveda enrejada, le roba el oro amado antes que la vida. Esta Muerte lucha en el bando de la Reforma, a favor del pueblo llano (es la época de las Guerras Campesinas). Cuando la sociedad se divide en clases, la igualdad de trato es revolucionaria. La muerte no hace ninguna distinción entre emperatriz y mendiga, campesino y Papa. «One man, one muerte», reza el lema (pues la muerte habla todos los idiomas). Ni la belleza física ni los vestidos lujosos la deslumbran. Ningún soborno puede hacerle cambiar de opinión, cuando el reloj de arena indica que el tiempo se ha agotado. Cuando aparece la Muerte, acaba la comedia humana. La Muerte sabe —y revela— que todo ser vivo es un fiel retrato suyo, un recluta anónimo del ejército gris. El día de la inmovilización no hay excusa que valga. A no ser que uno tenga un médico con buenos contactos.

Érase una vez un hombre pobre que buscaba una madrina para su hijo. Un día vio pasar a una muchacha enjuta de carnes.

—¿Quién eres? —le preguntó el hombre.

—Soy la Muerte que todo lo iguala.

El hombre se alegró:

—Eres la persona indicada. Te llevas a ricos y pobres sin distinción. Quiero que seas la madrina de mi hijo.

La muerte aceptó.

Cuando el niño se hizo mayor, la Muerte lo llevó al bosque y le mostró una planta especial.

—Te convertiré en un médico famoso —le dijo—. Siempre que vayas a visitar a un enfermo, fíjate dónde estoy. Si me ves en la cabecera de la cama, el mal es curable. Dale un poco de esta planta y el enfermo se curará. Pero si estoy al pie de la cama, no hay esperanza.

Y así fue. De la noche a la mañana, el joven se hizo famoso por sus infalibles pronósticos. Un día cayó enferma la hija del rey y la Muerte estaba al pie de la cama. Sin vacilar, el médico giró la cama 180º, y muy pronto la bella princesa empezó a sentirse mejor.

Actualmente, a esto se le llama medicina intensiva. La medicina intensiva lucha por conservar hasta el más mínimo resto de vida con todos los aparatos disponibles, todas las fuerzas físicas y la máxima energía mental. Lucha hasta la última gota de sangre. A veces hasta el absurdo. Se ve a la muerte como el mal por antonomasia, el máximo accidente previsible de la medicina, lo que *no debe ser*. Los psicólogos suponen que cuando el personal de una unidad de cuidados intensivos reanima a un enfermo terminal de 91 años, inconscientemente se está rebelando contra su propia transitoriedad. Quizá sólo se trate de orgullo deportivo. O de un reflejo condicionado. O del miedo a confesar que ya no puede hacer nada. O de todo eso junto. Para las personas jóvenes, la salud es lo normal y la enfermedad se combate –a menudo con éxito– como algo que no es natural. Pero por más batallas que ganemos, quien gana la guerra es la muerte. Y es preciso que así sea. Debe triunfar la muerte. A una edad avanzada, la muerte es lo normal e incluso *lo sano,* y mantener la vida a cualquier precio va en contra de la naturaleza.

Hace unos años, tuve la suerte de sobrevivir a un paro cardiaco. Siento una profunda gratitud hacia todas las personas que me salvaron. Espero que aún me falten algunos años para ver cómo ha asimilado mi muerte la derrota. El caso es que la Muerte del cuento estaba furiosa. Llevó a rastras al médico hasta una cueva subterránea donde había miles de velas encendidas y le dijo:

–Mira, estas velas son la llama de la vida de los seres humanos. Las grandes son de los niños; las medianas, de las personas que están en sus mejores años; las pequeñas, de los ancianos.

El médico preguntó cuál era la llama de *su* vida. La Muerte señaló una vela diminuta. Al instante, la llama se extinguió y el médico cayó exánime.

La Muerte de este cuento no es una bruja malvada, sino más bien un demonio melancólico. Es el médico el que altera el orden divino. Se ha excedido y ya no reconoce límites. ¿Será ésta una enfermedad causada por el ejercicio de la medicina? Ya el padre de los dioses, Zeus, fulminó a Asclepio, el abuelo de los médicos, por sobrepasar sus competencias y resucitar a los muertos. Contra el castigo del rayo no hubo remedio.

En cambio, *para* la muerte sí que hay muchos remedios. Por ejemplo, la *Conium maculatum*, la cicuta moteada, una umbelífera de flores blancas. En los casos graves de intoxicación, la cicuta provoca vértigo, vómitos, diarrea y sensación de frío, luego la insensibilidad y la parálisis se extienden por todo el cuerpo, empezando por las piernas hasta llegar a los órganos de fonación. La muerte sobreviene en cinco horas por parálisis respiratoria.

Más o menos así debe de haber sido la muerte de Sócrates. Aunque en la versión de Platón es más apacible (es posible que refinaran el jugo de cicuta con vino y opio):

«Iba de un lado a otro, luego dijo que le pesaban los miembros y se acostó boca arriba, tal como le había aconsejado el guardián que le había dado el veneno. Al cabo de un rato, aquel hombre le apretó el pie con fuerza y le preguntó si lo sentía, y él dijo que no. Y después le tocó las piernas, y subiendo así, nos mostró cómo se iba enfriando y poniendo rígido. Y le iba tocando y dijo que cuando llegase al corazón, moriría. Cuando casi toda la mitad inferior de su cuerpo estaba fría,

Sócrates se quitó un momento la manta, con la que un rato antes se había tapado todo, y dijo:

–Critón, le debemos un gallo a Asclepio. Dáselo. No dejes de pagar esa deuda –y ésas fueron sus últimas palabras.

–Así será –le contestó Critón–. Pero mira si tienes algo más que decir.

Sócrates ya no respondió a esta pregunta. Poco después hizo un último movimiento y el hombre le descubrió, y tenía los ojos vidriosos».

*

Los griegos adoraban a Asclepio como a un dios. Cuando alguien se curaba de una enfermedad, le ofrecía un sacrificio al dios en agradecimiento. Las últimas palabras de Sócrates expresan, pues, toda una filosofía: la vida es exilio y enfermedad, la muerte es retorno y liberación, la verdadera vida es el conocimiento inmaterial, y la auténtica vida sólo puede existir más allá de la muerte, en el reino de las ideas, en el reino de Dios.

Esta creencia ha hecho brotar pálidas flores en todas las épocas, tanto en la edad media y el barroco como en el siglo XX, cuando Hermann Hesse escribió:

> «En la hora de la muerte volvemos quizá
> en otros mundos a ser de nuevo jóvenes,
> la vida no dejará de llamarnos jamás...
> Adelante, corazón, despídete y recóbrate».

*

Debido al progreso de las técnicas de reanimación, en los últimos años se han acumulado los testimonios que apoyan esta consoladora interpretación de la muerte. Es cierto que esos testigos no han estado *del todo* muertos, pero sí muy cerca del límite durante un tiempo. Faltando un pelo para tapar el ataúd, por así decirlo.

En la mayoría de las descripciones de las personas reanimadas es posible encontrar un denominador común: la muerte no tiene espinas. Al contrario, en el momento de la muerte se experimenta una indescriptible felicidad. El moribundo sale de su cuerpo, atraviesa un túnel oscuro al final del cual encuentra una luz celestial y le invade una sensación de paz infinita, de dicha absoluta.

Una voz del más allá nos cuenta: «Llegué a un lugar donde estaban todos mis parientes, mi abuela, mi abuelo, un tío que se había suicidado hacía poco. Todos vinieron a saludarme. Mis abuelos estaban (...) vestidos de blanco y llevaban una capucha en la cabeza (...) Todos parecían más sanos que la última vez que los vi, (...) felices, muy felices».

Tal vez reencontrarse con toda la parentela no sea *necesariamente* un motivo de éxtasis. Por otra parte, desde el punto de vista de los biólogos existen fundadas objeciones contra las conclusiones metafísicas de este tipo de vivencias o «muerencias». El hecho de que los relatos sean subjetivamente verídicos y se confirmen unos a otros no basta para demostrar nada.

Los síntomas del síndrome de Lázaro (euforia, visiones de luz, separación de cuerpo y alma) también se producen bajo la influencia de drogas alucinógenas. En el momento de la muerte, el cuerpo se inunda de hormonas características de los estados de estrés. Todos conocemos el realismo de los delirios provocados por la fiebre. Por lo común, los pacientes de las unidades de cuidados intensivos están trasvasados de medicamentos. La falta de oxígeno en el cerebro, que se produce, por ejemplo, en caso de fallo cardiaco, provoca alucinaciones. Sería un milagro que una persona conservara la mente lúcida en el momento de fallecer.

Así pues, todo el fascinante antimundo de las experiencias cercanas a la muerte no sería más que el producto del mal funcionamiento del cerebro, un *amok** del sistema límbico, los últimos fuegos artificiales que el cuerpo lanza por orden de la Parca para ahorrarle al alma la visión del abismo.

Sea como sea, el encuentro de una persona con su propia muerte produce profundos cambios en su vida posterior. «Muchos de los encuestados demostraban una gran serenidad, humildad y asombro, así como una marcada conciencia de la muerte que, lejos de verse con amargura, incrementa el valor de la vida.» La muerte parece actuar como un curso intensivo de sabiduría. ¡Feliz de aquél que es rescatado del abismo! En lugar de adicción a la vida y temor a la muerte, sentirá «alegría de vivir, menos preocupación por los aspectos materiales de la vida, acendrada confianza en sí mis-

* Entre los malayos, ataque de locura homicida. *(N. de la T.)*

mo, independencia y perseverancia, intensos deseos de soledad y meditación, placer en la naturaleza, así como tolerancia y comprensión hacia los demás».

Esta descripción coincide con mis experiencias. El mundo al que volví después de mis operaciones de corazón ya no era el mismo. Se parecía, pero estaba impregnado de sentido, cargado de energía positiva, por así decirlo, «iluminado» por la cálida y maravillosa luz de la pura existencia.

Nosotros también. Miro a mi alrededor y veo personas (o *mortales*, como decían los antiguos poetas): hombres y mujeres, escolares y pensionistas, nativos e inmigrantes (a Oldenburg casi no vienen turistas japoneses). Muchas de las personas que miro me sonríen.

*

Cuando Sócrates fue condenado a muerte, esperaba con ilusión las conversaciones que mantendría con Orfeo, Homero y todas las demás celebridades que encontraría en el más allá. ¿Con quién me hace ilusión hablar a mí? Pues, con León Tolstoi, cuyo relato *La muerte de Iván Illich* es, a mi juicio, la mejor descripción de una defunción; con Jean Améry, que escribió una apología del suicidio y cuando le objetaron: «¿Y entonces por qué no se mata?», él respondió: «¡Paciencia!»; y, sobre todo, con el padre de la filosofía. Con todos ellos conversaré largo y tendido. *Allí* tendremos tiempo de sobra. Porque, como tan agudamente observó Sócrates, los muertos son inmortales.

Para seguir leyendo recomiendo:

Cómo morimos, del médico estadounidense Sherwin B. Nuland (Madrid 1997).

11

La libertad

o

¿Es usted una bola de billar?

«El libre albedrío es la comprensión consciente de
la propia vida. Es libre quien se considera vivo.
Y considerarse vivo quiere decir comprender la ley
de la vida, es decir, aspirar a cumplir la ley de la
propia vida.»

(León Tolstoi)

La palabra «libre» abarca un caleidoscopio de significados. Aunque sea un librepensador, el poeta no tiene por qué escribir en versos libres. Que alguien se tome
el día libre no significa que sea un libertino. Puede ser
que el preso trabaje al aire libre y el que está libre se pase
el día entero sentado en una oficina. ¿Qué es lo contrario de «libre»? ¿Oprimido? ¿De pago? ¿Ocupado?

Según me informa el diccionario etimológico, la
palabra alemana «frei» (libre) significaba originalmente «lieb» (querido, amable). Los «Freien» eran las personas a las que uno trataba con amabilidad, es decir, de

igual a igual. El significado original se mantuvo en la palabra «Freier» (pretendiente) e indirectamente en la palabra «Freitag» (viernes). Aunque en alemán «Freitag» signifique literalmente «día libre», el quinto día de la semana nunca ha sido fiesta, sino que su nombre proviene de Frija, la antigua diosa germánica del amor.

La altanera palabra «libre» pertenecía a la lengua de los amos. Y se convirtió en sinónimo de todo aquello que unía a los «queridos» miembros de la clase alta y los separaba del pueblo vulgar, de los siervos y los esclavos: independencia económica, autonomía política y un pensamiento relativamente ilustrado gracias a la educación y los viajes. No es de extrañar que todos los seres humanos anhelasen la libertad, pero, si por casualidad uno no había nacido libre, sólo tenía tres caminos para lograr esa ansiada meta. Uno: la liberación indulgente, camino incierto y plagado de fatigas. Dos: la fuga, que presuponía la existencia de un refugio adonde huir. Y tres: la sublevación, que por lo general acababa en la fosa común.

Como consuelo y edificación, los oprimidos idearon dos filosofías: una escapista, que es un *hit* en todos los coros de prisioneros: «Las ideas son libres (...) Es en vano que me encadenéis en calabozos oscuros,/ pues mis ideas rompen las barreras y derriban los muros./ ¡Las ideas son libres!». Según me han dicho, hasta planchar camisas puede llegar a ser placentero, si uno se abandona a sus fantasías eróticas.

La segunda filosofía —expresada en la famosa frase de Rousseau: «Las personas nacen libres, pero en todas partes viven encadenadas.»— condujo como una mecha encendida a la Revolución Francesa y a la Revolución Rusa: «¡Hermanos, marchemos unidos hacia el sol, hacia la libertad!». De acuerdo con esta filosofía, la libertad sería una herencia del ser humano que le ha sido arrebatada de manera ilícita y se debe recuperar por cualquier medio. Esta concepción de la libertad tiene raíces religiosas: los Diez Mandamientos no reconocen privilegios de sangre y, como es lógico, todas las criaturas del Señor son hermanas. «Cuando Adán cavaba y Eva hilaba, ¿quién era el noble que descansaba?», se preguntaba el sacerdote inglés John Ball ya por el siglo XVI (y lo ahorcaron por tomar la Biblia en sentido demasiado literal). Ahora bien, en el caso de que un día se cumpliesen los sueños de 1381, 1789 y 1917, y viviéramos en una utopía cristiana o comunista, ¿seríamos libres?

A este respecto, David Hume expresó una duda razonable: «El último creador de todos nuestros actos volitivos es el creador del mundo, que fue quien puso en marcha esta inmensa maquinaria e hizo que todos los seres se vieran en la peculiar situación de que todos los sucesos posteriores debían ocurrir *con inexorable necesidad*». Si el mundo es un teatro de títeres y Dios es el Gran Titiritero, ni nuestros actos ni nuestros pensamientos son libres; es más, ni siquiera nuestros sueños nos pertenecen...

*

Hablando de sueños:

—Acusado, tiene usted la última palabra.

Los indicios hablaban en mi contra. Mi abogado ya no se dignaba a mirarme.

—Señoría, lo confieso: yo envenené a Waldmann –dije, y un murmullo recorrió la sala–. Sin embargo, exijo ser absuelto. Pero permítanme que empiece por el principio –el juez se aburría–. El mundo no es un conjunto de objetos, sino una serie de acontecimientos. A un hecho le sucede otro, como una eterna cadena de causa y efecto, con implacable regularidad. Si nuestra inteligencia fuese ilimitada, podríamos reconstruir sin lagunas el desarrollo del mundo desde el *big bang* hasta ahora, y también predecir con certeza su futuro. Pues, así como se puede calcular con precisión el recorrido de una bola de billar después de una carambola (al menos en teoría), también es posible prever el curso del mundo, el gran billar de los átomos –el juez me miró por encima del hombro malhumorado. Imperturbable, proseguí: El ser humano es un mundo en miniatura. También él está sometido a la ley de causa y efecto. De forma refleja, el bebé coge con su manita el dedo que le tienden. A quien muerde una sabrosa manzana se le llena de saliva la boca. Cuando alguien nos ofende, segregamos adrenalina, reaccionamos con furia y nos olvidamos de la buena educación. En efecto: nuestra educación también determina nuestros actos. Los preceptos morales, las costumbres y los modelos impregnan toda nuestra personalidad. Los sentimientos, pensamientos y acciones son la conclusión lógica de factores externos y disposición interna. Esto último es producto de la estructura genética y la educación –el juez bostezó–. Por consiguiente, debo insistir en que soy *inocente*. Yo envenené a Waldmann, es cierto, pero no *por propia voluntad*. Más bien he sido víctima de mi *determinación*. En el momento de mi nacimiento, es más, en el segundo en que se produjo el *big bang*, ya estaba decidido que aquel día yo, forzado por una causalidad inexorable, pondría veneno en el alimento para perros. Maté a Waldmann igual que una rama podrida rota por la tormenta mata a un paseante. ¿Acaso se castiga al árbol por eso? Claro que no, y por una buena razón. Todo es *kismet*, providencia, destino, programación divina. Todo sucede como tiene que suceder. Piense usted en el rey Edipo que exclama: «En verdad, he sido más víctima que artífice de mis acciones».

Tomé asiento. El juez me ladró y luego se retiró a deliberar con sus asesores entre fuertes aullidos. Me desperté. Abajo, en el jardín, aullaba Waldmann, el perro salchicha de mi vecina.

*

El libre albedrío constituye un problema filosófico extremadamente complejo. El astrónomo francés Laplace dio en el clavo cuando afirmó que cualquier estado del universo puede explicarse a partir de otro estado cualquiera del universo, según las leyes de la física. ¿Y por qué lo que es válido para las estrellas no habría de serlo también para la materia en general?

La creencia en una providencia que dirige todo coherentemente en el cielo y en la Tierra es antiquísima y se encuentra en muchas culturas. Los estoicos romanos se remitían de manera fatalista al *fatum*, la divina «sentencia del destino». La palabra árabe «kismet» designa la sumisión a un destino irrevocable. Si el autobús se retrasa o estalla una guerra, es porque «así lo ha querido Alá». Y en el *Bhagavad-Gita* hindú se dice:

> «En realidad, sólo las fuerzas de la Naturaleza
> actúan en el mundo;
> pero el necio, cegado por su amor propio,
> cree actuar por su propio impulso».

¿Seremos sólo héroes virtuales en un juego de ordenador de los dioses? ¿No podría ser que el mundo fuera un gran programa físico-psíquico? ¿O un vídeo que Dios rodó y que ahora está mirando? Los seres humanos actuamos en la «pantalla» de nuestro mundo, estamos prisioneros en este mundo ficticio, con nuestros pensamientos y nuestros actos. Como ya no recordamos la época del rodaje, creemos que somos libres. Pero cada uno de nuestros actos, incluido este ensayo, ya está escrito en el guión. De vez en cuando, el director mira dos veces una escena. Entonces tenemos una vaga experiencia de *déjà-vu*.

*

La analogía del vídeo resuelve dos problemas teológicos de un tiro.

Uno: el problema de la *predestinación*. Si Dios conoce el futuro, el futuro debe de estar prefijado. Forzosamente ha de ser así, desde el punto de vista lógico. Pero si el futuro está fijado de antemano, ¿qué hay de la omnipotencia divina? Por lo visto, lo único que puede hacer Dios es mirar pasivamente cómo se desarrolla su película. *Ergo:* Dios es impotente.

La solución: si la historia del mundo es una cinta de vídeo, el director divino no forma parte de la película, y está fuera del tiempo de la película. Puede poner la cinta cuantas veces quiera, puede borrar algunas partes –por ejemplo, mediante un diluvio– e insertar nuevas secuencias, o tirarlas a la basura.

Dos: el problema de la *teodicea*. Si el buen Dios dirige todo, ¿por qué existe el mal en el mundo?, ¿por qué la vida cotidiana está plagada de asesinatos y homicidios?

La solución: hasta al más pacífico de los hombres le gusta ver de vez en cuando una película de aventuras. ¿Por qué Dios no iba a divertirse con la acción y la intriga? ¿Y dónde habría un héroe sin el sombrío malvado que le exige al máximo? ¿Qué sería de James Bond sin el doctor No y compañía? Los sufrimientos son pruebas. Crecemos con nuestros desafíos. Lo que nos forma es la desgracia. Si la superamos, la desgracia, en recompensa, saca a la luz nuestro carácter.

*

Hablando del agente 007, en todas las películas de James Bond hay factores sorpresa: nuevas armas secretas y flamantes chicas Bond, pero el patrón básico es siempre el mismo. Bond reacciona como un perro de Pavlov. Todas las mujeres atractivas desencadenan el reflejo de ligar; todas las amenazas, el frío contraataque. ¿Acaso Bond, el paladín de la libertad occidental, está cautivo en su papel como todo ser humano? Sería absurdo que a Bond, de repente, se le ocurriera afiliarse al partido comunista. Igualmente absurdo sería que dijera exactamente lo mismo en todas sus citas. Queremos un Bond que nos resulte reconocible, pero que a la vez varíe ligeramente. No puede actuar siguiendo la ley del azar, ni tampoco de una forma demasiado estereotipada. Lo que nos gusta de Bond, al igual que de nuestros amigos de carne y hueso, es el cambio dentro de lo mismo.

Pero aún no hemos contestado a la pregunta de si Bond está preso en su papel. Pienso que no más que cualquier mortal normal. Si alguien me observara durante varias semanas, también podría reconocer diversos patrones en mi vida. Por ejemplo, no puedo pasar por una librería de viejo sin examinar, como mínimo, el estante de filosofía. El reflejo de ligar también está presente en mí en un nivel rudimentario. Así pues, el observador podría predecir correctamente mi conducta en muchas situaciones. Podría formular leyes que rigen mi comportamiento («Siempre que el señor M. pasa por una librería de viejo, entra.»), y suponer que soy una suerte de autómata bibliómano (y ginecotrópico).

Pero por más que yo cause esa impresión *visto desde afuera*, ¿puede decirse que no soy libre *en mi fuero interno?* Nadie me obliga a hurgar en los estantes de las librerías, soy yo quien decide hacerlo. Yo mismo me he impuesto esa «ley». Sí, esa «ley» *soy yo*, esa «ley» forma parte de mi personalidad y es realmente una expresión de mi libertad.

Una causa del eterno conflicto entre libertad y determinismo podría residir en el doble significado de la palabra «ley». Una ley como las que promulga el Parlamento ordena o prohíbe algo. Si alguien infringe la ley, es castigado. Sin embargo, una «ley» natural es algo radicalmente distinto. No ordena ni prohíbe nada. Nadie le dice a la Tierra que en 365 días debe dar una vuelta alrededor del Sol. Nadie le prohíbe que mañana deje de hacerlo. Si mañana dejara de hacerlo, quedarían refutadas las leyes de Kepler, nada más. No vendría corriendo la policía intergaláctica a encerrar a los planetas en un agujero negro. La «ley» de los científicos es sólo una *descripción* de fenómenos, no una *prescripción* ineludible.

Si frecuento las librerías de viejo, lo hago por la «ley» de los científicos, es decir, por mi propia decisión.

*

Ahora bien, mis amigos afirman que soy *adicto* a los libros, y, por lo visto, la adicción va en detrimento del libre albedrío: algunos días me hago el firme propósito de no comprar libros. Y, sin embargo, una hora más tarde salgo de la librería con los diez tomos de las obras completas de Platón en la mochila. De nuevo, la adicción ha sido más fuerte que yo.

A pesar de eso, soy superior al perro de Pavlov. Él no es consciente de su reflejo y no ve ninguna necesidad de hacer algo para contrarrestarlo. Yo sí, y por eso puedo luchar contra la adicción, ese tumor que es la falta de libertad en mi personalidad. Odiseo se hizo atar al mástil para resistirse al canto de las sirenas. Yo podría dar un amplio rodeo para evitar la librería o, si eso no funciona, mudarme a Groenlandia para desintoxicarme. Desde el momento en que diagnostico mi adicción como tal, restauro mi libertad. Puedo decirle que sí o que no. Puedo escoger la libertad o la dependencia. (En este punto podría intercalar algunas frases esclarecedoras sobre el tema de los funcionarios, pero prefiero no hacerlo. Al fin y al cabo, soy un autor independiente y no consiento que nadie me diga cómo debo continuar este capítulo.)

Ahora doy un salto espontáneo y paso a la física. Pero, ¡eh!, un momento: ¿cómo es posible que salte espontáneamente? Por cierto, se suele decir que «la naturaleza no procede por saltos». ¿Acaso mi cerebro es *antinatural?* Desde luego, no funciona según los principios de la física newtoniana. No es un mecanismo de relojería. No es un ordenador. Es *imprevisible.* Aunque se aislara, midiera, pesara y analizara cada una de mis células grises, aunque se pudiera registrar cada impulso eléctrico y cada reacción química de mi cerebro, no se ganaría nada. La pregunta de cómo se genera el espíritu a partir de la materia, de modo que a uno se le ocurra una *idea* inesperada, aún no tiene respuesta.

Quizá nunca lo sepamos, así como nunca sabremos qué pasa en lo más recóndito del núcleo atómico. En realidad, existen paralelismos fascinantes entre los fenómenos de la conciencia y la mecánica cuántica. ¿Es posible que la sensación de libertad que acompaña nuestras decisiones sea similar a la relación de indeterminación de Heisenberg? ¿Podría ser que mi espontánea digresión hacia la física se haya desencadenado por un salto cuántico en algún rincón de mi corteza cerebral? ¿Tendrán razón los científicos que sitúan el libre albedrío en algún punto entre los quarks y los gluones? No lo sé. Pero de algo estoy seguro: digan lo que digan las teorías deterministas, poseo libre albedrío.

*

¡Magnífico! ¡Entonces somos libres! A pesar de las pulsiones y los condicionamientos, a pesar de la educación y la manipulación, y aunque el ser determine la conciencia, ¡somos libres! ¡Alabados sean los *quanta!* ¡Qué maravilloso! Es cierto, no podemos no ser libres. ¡Estupendo! No sólo podemos hacer lo que queremos: ¡también podemos querer lo que queremos! ¡Vaya si hay motivo para festejar!

Pero aquí también encontramos pegas. La pega de la libertad es la obligación que conlleva. Un don divino no se despilfarra ni se malvende. Se trata con cuidado y se honra. Un amigo mío colgó en su estudio un poema de Hölderlin que dice así:

«El hombre ha de probarlo todo, dicen los seres celestiales,
para que cuando esté bien alimentado, aprenda a dar gracias
y sepa entender su libertad,
y encaminarla hacia donde él quiera».

Entender la libertad. Eso no es fácil. Hoy en día, tiende a confundirse libertad con *tiempo libre.* Y en verdad son dos cosas totalmente distintas. El tiempo libre es tiempo *sin* obligaciones; la libertad es libertad *para* las obligaciones. En el tiempo libre busco distracción; en la libertad me esfuerzo por concentrar mi ser. El tiempo libre huye de las tareas de la vida. La libertad persigue un objetivo, un sentido, una tarea a la que consagrar la vida.

Cada persona tiene una tarea diferente que cumplir en la vida. Pero todos tenemos *una* tarea en común: un día el libre albedrío debe negarse a sí mismo para que podamos dejarnos caer, como una hoja marchita, del árbol de la vida.

*

Justo a tiempo para el pronunciamiento de la sentencia, volví a quedarme dormido. El juez leía en voz alta:

—...determinado en todos los cargos y, por tanto, inocente. Se lo condena a libertad perpetua.

—¡Alto! —grité—. Usted no puede hacerme esto.

—Al contrario —dijo el juez con una sonrisa sarcástica—. No puedo hacer otra cosa: estoy determinado.

Para seguir leyendo recomiendo:

Cuatro ensayos sobre la libertad, de Isaiah Berlin (Madrid 1998)

12

El juego

o

El señor de las moscas

«La vida eterna es un niño que juega, que mueve las piezas del tablero: el poder está en manos de un niño.»

(Heráclito)

«No olvides que tienes un papel que desempeñar en una obra de teatro en que el autor ha querido que intervengas. Debes representar tu papel, sea largo o corto. Si te dan el papel de mendigo, hazlo lo mejor que puedas. E igualmente si te dan el papel de un cojo, un rey o un plebeyo. Tu tarea sólo consiste en representar bien el papel que te ha tocado. Elegirlo es tarea de otro.»

(Epicteto)

«Están jugando una gran partida de ajedrez. El mundo entero es un tablero..., bueno, siempre que estemos realmente en el mundo, por supuesto. ¡Qué divertido! ¡Cómo me gustaría estar jugando yo también! No me importaría ser un peón con tal de que me dejaran jugar... Aunque, claro está, preferiría ser una reina.»

(Lewis Carroll, *A través del espejo*)

Las salas recreativas proliferan como hongos. En la televisión se multiplican los concursos. En el juego de roles, los grupos de terapia han desarrollado estrategias en favor y contra de los «juegos de adultos». Cada nueva generación de juegos de ordenador redefine el concepto de perfección en materia de virtualidad: los límites entre juego y realidad se desdibujan. Se dice que los mercados financieros internacionales funcionan según las leyes del casino. Al que puede intervenir en la economía mundial se le denomina *global player*. El canciller alemán participó en un famoso concurso de televisión. No hay duda: la seriedad pertenece al ayer, el juego vive un período de gran prosperidad.

Ni la rigurosa ciencia escapó a la corriente lúdica. En 1944 apareció en Princeton una obra voluminosa sobre *La teoría de juegos y la conducta científica*. Los autores, John von Neumann y Oskar Morgenstern, estudiaron con minuciosidad matemática el problema de la conducta racional en situaciones complejas. En el lenguaje del juego: dadas ciertas reglas, ¿qué estrategia conduce a la victoria? El libro fundó una nueva disciplina filosófica: la teoría de juegos.

Mayor aún fue la influencia de lo lúdico en los métodos. Primero en el cuarto de los niños, con los juguetes didácticos. Luego, en la escuela, donde el «aprendizaje por descubrimiento» sustituyó a la clase deductiva, centrada en la enseñanza. La curiosidad por conocer posibles soluciones sustituyó al temor a equivocarse. En especial en el ordenador, el aprendizaje lúdico infantil hace que los esfuerzos sistemáticos de los adultos parezcan anticuados y ridículos. Los genios siempre han sabido que, allí donde se requiere un pensamiento innovador, triunfa el método de las piezas del mecano. La experiencia es la madre de la ciencia, y de los errores se aprende.

Para la bibliografía filosófica eso significa que, además de la áspera erudición, que desde luego sigue existiendo, prosperan –sobre todo al otro lado del Atlántico– los alegres malabarismos del pensamiento. La caza furtiva está permitida, siempre y cuando sirva para esclarecer la verdad. La literatura de ciencia ficción ayuda a tener una comprensión global, tanto como la poesía zen o los textos sobre física de partículas. Las ilustraciones nunca son mal vistas. Libros como *Gödel, Escher, Bach* de Douglas R. Hofstadter –diálogos graciosos y entretenidos, 2.500 años después de Platón– rehabilitaron el juego en la filosofía. Qué bien.

*

Pero, ¿qué es realmente un juego?

El influyente ludósofo Johan Huizinga propuso la siguiente definición: «Desde el punto de vista formal, puede decirse que el juego es una actividad libre que se siente como algo "no serio", que está al margen de la vida normal y, sin embargo, puede acaparar por completo a los jugadores; es una actividad en la que no media ningún interés material y de la que no se saca provecho alguno, que se desarrolla en un tiempo y un espacio expresamente delimitados, según determinadas reglas, y genera relaciones de solidaridad...».

Esta requisitoria del juego resulta bastante convincente. Veamos algunos ejemplos:

Sin duda, el juego dramático, el *teatro*, está fuera de la vida normal. Se limita al espacio del escenario, y al tiempo que dura la función. Antes los actores llevaban máscaras y hablaban en verso, el idioma del mundo artístico. Aún hoy los actores profesionales son gente muy singular. (Aunque todos somos un poco actores. Por eso, en sentido estricto, en toda función teatral hay *dos* obras: una pieza teatral que se representa ante el público y la pieza social titulada *Velada teatral*, en la que actúa el público, interpretándose a sí mismo. «La gente viene a mirar, pero también se expone a las miradas», escribió Ovidio).

El punto «ningún interés material» da que pensar: Marlon Brando gana un millón por cada palabra que se arranca de los labios. ¿Eso también es un juego?

Los *Juegos Olímpicos* son otro espectáculo y, al igual que el teatro, eran originalmente un acto de culto. El fuego olímpico, el juramento olímpico, la paz olímpica simbolizada por los cinco aros: todo eso remite a la tradición ritual. Las personas activas de todas partes del mundo viven en la utopía de la ciudad olímpica. El juego crea una célula ajena al mundo en el espacio y en el tiempo. Sin embargo, existe una diferencia esencial entre el juego mimético-creativo que se desarrolla sobre el escenario y la competición deportiva, el *agón*. En el teatro y en la sala de conciertos se lucha por la expresión; en el estadio, por la victoria. A los campeones olímpicos les aguarda en la meta la medalla de oro, los perdedores se van con las manos vacías. En el teatro no se juega contra otros, sino con otros y para otros.

¿Y qué pasa en las olimpiadas con lo del «interés material»? Los cocacolizados *games* de nuestros días se han convertido en una poderosa máquina de hacer dinero. Pero quiero creer que, a pesar de todos los casos de corrupción y dopaje, en la pista de ceniza aún sigue vigente el principio de la competición limpia: «Que gane el mejor». ¿Y no es posible que, hasta que la cámara no se enciende, Marlon Brando se tome su papel tan en serio como el Hamlet de una función estudiantil?

El *ajedrez*, el juego real hindú-persa, tiene más de mil años. Es probable que nunca se hayan jugado dos partidas exactamente iguales. Según dicen, la cantidad de partidas posibles sobrepasa el número de átomos de nuestra galaxia. El tablero con sus ocho casillas por ocho es —al igual que el escenario o el círculo del estadio— un lugar mágico.

Al principio, el tablero representaba un campo de batalla, y las piezas simbolizaban las distintas clases de armas: la infantería, la caballería, los carros y los elefantes de guerra. Los «libros sobre ajedrez» de la edad media interpretaban el ajedrez como un reflejo del orden social feudal y sus estamentos. Cada época produce su propia interpretación. El filósofo y durante años campeón mundial de ajedrez Emanuel Lasker veía en este juego un modelo de la lucha de la ciencia por el conocimiento: «En la lucha del ingenio humano, el adversario es la dificultad del problema, la tarea impuesta, en sentido figurado, la naturaleza».

La interpretación poética procede de un poeta persa de la edad media:

> «La vida es un tablero de ajedrez, donde el Hado
> nos mueve cual peones, dando mates con penas,
> en cuanto termina el juego, nos saca del tablero
> y nos arroja a todos al cajón de la Nada».

El blanco y negro de las casillas y las piezas simboliza el dualismo entre la vida y la muerte, el bien y mal. En el tablero luchan las legiones de la luz contra los poderes de las tinieblas. El ajedrez es un juego cósmico, un juego de niños.

*

El teatro, la competición deportiva y el juego de tablero son tres variantes de juego con las que la definición de Huizinga encaja bastante bien. Sin embargo, existen otros juegos con los que no ocurre lo mismo: los juegos de palabras no se atienen a determinadas reglas, sino todo lo contrario, y el juego amoroso es completamente serio (eso espero).

Un juego muy especial es el *juego del lenguaje*. Este concepto fue acuñado por Ludwig Wittgenstein para poner de manifiesto que hablar es parte de una actividad o forma de vida. El lenguaje obedece a diferentes reglas, dependiendo de la situación en la que se emplee. Existe el juego del lenguaje «adivinar adivinanzas», el juego del lenguaje «contar historias», el juego del lenguaje «instrucciones de uso», y muchos otros. Por ejemplo, la expresión «padre» no cumple la misma función ante el tribunal familiar que en el juego de lenguaje «rezo», así como el «caballo» no desempeña el mismo papel en el ajedrez y en el juego de naipes.

Wittgenstein dedica particular atención al juego del lenguaje «filosofía idealista». A su juicio, este juego se caracteriza por arrastrar a los jugadores a la locura. Los entrena para tomar las palabras al pie de la letra y sacarlas así del código de sus respectivos juegos lingüísticos.

En efecto: insistir en que una palabra significa algo «en sí misma» —es decir, con independencia del contexto y de la situación— es tan absurdo como cantar las cuarenta en el ajedrez o dar jaque en un juego de naipes.

Veamos, por ejemplo, qué ocurre con la palabra «juego». Según las reglas del juego de lenguaje «filosofía idealista», antes de decir algo sensato sobre los juegos, habría que definir la palabra "juego", y esa definición debería desentrañar la *esencia del juego*. Aunque Huizinga se esforzó lo más que pudo, no logró encontrar una esencia común a *todos* los juegos.

Por eso, Wittgenstein exigía un cambio de las reglas de juego de la filosofía. «No digas: *deben* tener algo en común, de lo contrario no se llamarían "juegos". *Mira* si tienen algo en común. Pues si los observas, no verás lo que *todos* tienen en común, pero verás parecidos, afinidades, y no pocas. Lo dicho: ¡no pienses, mira! (...) No encuentro mejor modo de caracterizar estos parecidos que llamarlos "parecidos de familia"; (...) Los "juegos" forman una familia.»

Del mismo modo que no se puede juzgar a los caballos del ajedrez por los caballos de la baraja, ni al abuelo por la sobrina, es necesario distinguir cuidadosamente las diversas facetas de un concepto como «juego». El alfa y el omega es la observación escrupulosa. En la entrada de la Academia de Platón decía: «Prohibida la entrada a los legos en geometría.» Wittgenstein hubiera elegido otro lema para su escuela: «¡No pienses, mira!»

*

Pero que Wittgenstein estuviera en lo cierto no quiere decir que Huizinga estuviese equivocado. Pues el concepto «parecido de familia» no se contradice necesariamente con el concepto «esencia». Podemos encontrar el denominador común en el concepto «árbol genealógico». Todos los miembros de una familia, por más diferentes que sean, tienen *una cosa* en común: descienden de los mismos antepasados.

¿Entonces existe también un juego primigenio, un antepasado prehistórico de todos los juegos? Sobre esta cuestión se puede especular mucho, pero lo cierto es que el juego es más antiguo que la humanidad. La danza nupcial del gallo lira, las riñas de los cachorros de perros y gatos o el teatro de la jaula de los monos son una prueba fehaciente de que los animales también juegan. Así pues, los primeros humanos ya jugaban: a partir de las conductas de los dos sexos para impresionar y para seducir deben de haberse desarrollado poco a poco los juegos masculinos de la guerra y los juegos femeninos de la moda; a partir de las competiciones de fuerza de los niños deben de haberse originado las competiciones rituales y comerciales de los adultos. Y, dando un par de rodeos, Shakespeare quizá pueda atribuirse a las imitaciones paródicas de los niños.

Todo lo que en nuestra cultura no está directamente al servicio de la supervivencia posee más o menos rasgos lúdicos: Huizinga demostró la presencia de dichos rasgos en el deporte, el ejército, la justicia, el rito religioso, etc. Si aún no nos hemos dado cuenta de hasta qué punto también nos regimos por «reglas de juego» en el trato diario, nos bastará visitar culturas extrañas o parientes lejanos. Pero sobre todo, el arte y la ciencia teorética son impensables sin el elemento lúdico. El arte y la ciencia representan en cierta medida la culminación de lo que comenzó en el cajón de arena o en el veo-veo infantil.

Por eso, al principio pensé en cerrar este capítulo con una laudatoria patética, por ejemplo, con la siguiente cita de Egon Friedell: «Todo lo que es valioso es sólo un juego, y todas las actividades humanas tienen valor en tanto son un juego, o no adquieren valor hasta el momento en que se convierten en un juego».

Sin embargo, me asaltaron dudas. El juego, como la libertad, tiene su lado malo y su lado bueno. El tablero también tiene casillas negras. El gato juega con el ratón. Los juegos del circo romano eran repugnantes baños de sangre. Las ejecuciones públicas han sido escenificadas en todos los tiempos como el «teatro del horror». El Mal también juega. Los juegos infantiles nunca son inocentes:

Cuando cumplí nueve años, me regalaron un pequeño futbolín de plástico del tamaño de una caja

157

de zapatos. Sobre el verde campo de juego había un «cielo» de plástico transparente. Las filas de los «jugadores» se movían con seis teclas. Por un agujero en el centro del «cielo», se lanzaba la pelota, una bola plateada, y entonces empezaba una larga serie de patadas violentas.

Yo solía jugar con las moscas que se extraviaban en la cocina. Las cazaba y las metía en el futbolín por el agujero del cielo. Luego llenaba el lavabo y ponía el futbolín dentro. El futbolín se hundía lentamente, como el Titanic. Las moscas debían encontrar a tiempo el agujero del cielo para salvarse. A las que se quedaban flotando, las ahogaba y dejaba que se fueran por el desagüe haciendo remolinos. El juego se llamaba «test de inteligencia».

¿Sospecharían las moscas que eran parte de un juego? De vez en cuando, los humanos tenemos una sospecha similar. ¿Nunca ha tenido usted la sensación de que los seres humanos están a merced de un experimento incomprensible, que son objeto de una despiadada prueba de materiales, maniquíes de un ensayo de colisión del destino?

> «Lo que son las moscas a los ociosos muchachos
> eso somos nosotros a los dioses;
> nos matan por diversión.»

Eso dice Gloucester en *El rey Lear,* de Shakespeare. También se trata de un juego, una última partida de humor cruel y tremenda seriedad. La trágica historia de Lear muestra con tanta claridad la verdad de la ceguera y el fracaso que, en comparación, la vida cotidiana parece una farsa. Lear vestido con harapos es la existencia desnuda más allá de todas las mascaradas. El desfile de máscaras tiene lugar en la sala de espectadores.

En la platea y en los palcos hay muchos pequeños reyes que creen que la trama que conforman sus máximas morales es una red fiable. Lear se equivoca, reconoce su error y sufre en representación de cada uno de ellos. ¿Y quién no se parece un poco al arrogante rey del primer acto? ¿Quién no está orgulloso de sus logros, adquisiciones y herencias? ¿Quién no está convencido de haber hecho su agosto? Nuestro bufón es Shakespeare, y graciosa es su verdad:

«El mundo entero es un teatro,
y todas las mujeres y los hombres no son más que actores.
Cada uno representa varios papeles en la vida
a lo largo de siete actos...»

Para seguir leyendo, recomiendo:

Homo Ludens de Johan Huizinga (Madrid 2002).

13

La lógica

o

Cuando los mentirosos
llaman mentirosos a los mentirosos

«–No tengo dudas de que soy muy tonto, pero debo admitir que no le comprendo. Por ejemplo: ¿cómo llega usted a la conclusión de que el hombre es inteligente?

En lugar de responder, Holmes se puso el sombrero. El sombrero se le deslizó por la frente y le quedó apoyado en el hueso nasal.

–Es una cuestión de volumen –explicó–, un hombre con una cabeza tan grande ha de tener por fuerza algo de inteligencia dentro.»

(Arthur Conan Doyle, *La dama del brillante azul)*

Los problemas lógicos son particularmente populares cuando se presentan bajo la forma de un cadáver misterioso. Entonces aparece un detective en el lugar de los hechos –mis favoritos son Sherlock Holmes, Miss Marple y el inspector Colombo–, examina el *corpus de-*

licti y todo lo relacionado con él, atosiga con preguntas a los sospechosos y al final saca la conclusión correcta. El asesino tiene tan pocas posibilidades de librarse de ser desenmascarado como la x en una sencilla ecuación matemática. Cuando el convicto saca una pistola delante de todo el mundo para tomar como rehén a la novia del detective, el caso puede darse por resuelto.

El detective clásico es un genio. No ha aprendido su técnica de trabajo en la academia de policía ni en un curso de filosofía. La perspicacia constituye el centro frío de su personalidad. Análogamente atrofiada es su vida amorosa. El doctor Watson dice acerca de Sherlock Holmes: «Lo considero la máquina de pensar y observar más perfecta que haya visto el mundo, pero como amante habría fracasado (...). Para un eximio pensador como Holmes, la intrusión de sentimientos en su naturaleza compleja y, a fin de cuentas, altamente sensible, constituye un factor perturbador que, posiblemente, despertaría dudas sobre sus conclusiones lógicas. Para él, un sentimiento intenso sería tan irritante como un grano de arena en un instrumento sensible o como una resquebrajadura en uno de sus precisos cristales de aumento».

Holmes no es un caso aislado. El detective clásico se suele representar como un marginado insensible, que se mueve al borde del abismo de lo patológico. Precisamente es esa distancia sobrehumana, inhumana, la que lo capacita para penetrar los sentimientos de los otros. La distancia es el secreto de la lógica.

Pensemos a modo de contraste en un comisario nada distante. Llamémosle comisario Temperamental, ya que le gusta dejarse llevar por simpatías y antipatías. En este asesinato, el comisario Temperamental ha arrestado a dos sospechosos: Boris Brutalsky, un ex boxeador de nariz torcida, con antecedentes penales por maltrato de animales, y la pelirroja actriz Lily Zorra, conocida por la serie de televisión *Sueños ardientes bajo las palmeras*. ¿Cómo podría conservar la cabeza fría el pobre funcionario mientras Lily Zorra entorna sus pestañas? ¿Como podría investigar con objetividad, si no puede dejar de soñar con ponerle las esposas y llevársela a casa?».

Como Temperamental conoce su debilidad, echa mano de un viejo truco y *anonimiza* las declaraciones de ambos sospechosos. Escribe en una hoja de papel una gran A y, del otro lado, la declaración de Boris Brutalsky; en otra, una gran B y la declaración de Lily Zorra. Luego lee las dos declaraciones con ojo crítico «sin mirar a la persona», y de inmediato le salta a la vista la verdad. Mientras que B dispone de una coartada perfecta (unas pruebas para *Sueños fríos bajo los pinos achaparrados)*, A se ha ido de la lengua: «En el momento de los hechos estaba en el cine. En el cine Apolo. Aquí está la entrada».

El comisario Temperamental se frota las manos. El caso está resuelto: el asesinato se cometió *en el cine Apolo*. ¡Vaya triunfo de la lógica criminalística!

*

La lógica filosófica funciona de un modo similar. También se trata de eliminar los sentimientos y los prejuicios, sólo que en otro plano. Mientras que en la criminalística la declaración se abstrae de la persona que declara, la lógica filosófica suprime el contenido de la declaración y se concentra en la estructura del pensamiento. En la radiografía lógica, el enunciado «Siempre que Holmes resuelve un caso, enciende su pipa» queda reducido a «Si p, entonces q». Esta reducción a lo esencial puede revelar contradicciones ocultas en series de argumentaciones complejas.

Si se le da un uso positivo, la lógica proporciona las reglas según las cuales, a partir de verdades convalidadas, pueden deducirse nuevos conocimientos. Supongamos que, además de la frase de arriba, sabemos de buena fuente que «Holmes ha resuelto un caso». En la pantalla radioscópica esta frase queda reducida a una escueta «p». Ahora podemos aplicar una regla lógica elemental, llamada *modus ponens*:

Si p, entonces q.
Y p.
Entonces q («Entonces Holmes enciende su pipa.»)

No hace falta que veamos la columna de humo que se eleva tras la ventana del piso de soltero de Holmes en Baker Street para saber que Holmes está fumando. Si se dan por ciertas las dos primeras líneas del *modus ponens*, la tercera línea, la conclusión, *debe* ser verdadera. Es decir, que combinando dos informaciones hemos obtenido sin esfuerzo una tercera. El propio Sherlock Holmes no lo podría haber hecho mejor.

El *modus ponens* es una de las nociones básicas de la lógica, pero puede dar lugar a resultados sorprendentes, tal como lo demuestra el siguiente razonamiento:

Cualquier detective sabe que, siempre que hay una víctima, hay también un asesino; hablando en términos generales: no hay efecto sin causa; o en términos lógicos: no hay consecuencia sin causa. Partiendo de esta premisa, Aristóteles, el creador de la lógica tradicional, extrajo la siguiente conclusión:

«Si el mundo se mueve,
algo habrá provocado ese movimiento.
El mundo se mueve.
Entonces algo habrá provocado ese movimiento».

Pero ¿qué habrá puesto en marcha el móvil cósmico? El ser humano tiene una coartada: él no era más que una parte del mundo, al igual que cualquier otro ser finito. Por tanto, el responsable del empujón inicial debe haber sido un Completo Desconocido. Aristóteles lo llamó el «Primer Motor Inmóvil», que en lenguaje coloquial quiere decir Dios.

*

Sobre Dios hay tantas teorías como sobre *Jack el Destripador*, o más. Sin embargo, desde Kant, si no antes, se da por descontado que todas las «pruebas de Dios» se basan en premisas falsas o son, simplemente, falacias.

La falacia se llama así, porque se parece mucho a una conclusión correcta. Es un espejismo en el paisaje lógico, un niño monstruoso en la cuna de la verdad. Por esa razón, para el lógico el diagnóstico de la falacia es tan importante como el informe del médico forense para el detective.

Sigamos con el ejemplo inicial y comparemos las siguientes conclusiones:

A) Siempre que Holmes resuelve un caso, enciende su pipa.
Ahora ha resuelto un caso.
Entonces enciende su pipa.

B) Siempre que Holmes resuelve un caso, enciende su pipa.
Ahora está encendiendo su pipa.
Entonces ha resuelto un caso.

A primera vista, ambas argumentaciones parecen convincentes, sin embargo hay una diferencia enorme entre ellas. Como hemos visto, A es lógicamente fiable. Pero no ocurre lo mismo con el ejemplo B. Es posible que Holmes lleve varios años sin resolver un caso. ¿Acaso iba a dejar de fumar por eso?

No, eso sería pedirle demasiado. La deducción que se basa en el esquema

> Si p, entonces q.
> Y q.
> Entonces p.

no es de fiar, por consiguiente, tampoco es lícita.

*

No hay por qué pensar que las falacias son casos excepcionales. En la práctica –como en las películas de Hollywood–, por cada conclusión lógica, hay noventa y nueve *falaces*. La mayoría de ellas las tomamos al pie de la letra. Parecen plausibles, y, por lo general, la plausibilidad es más eficaz que una prueba contundente que nadie comprende.

Éstos son los 13 *hits* de las conclusiones erróneas de nuestro intelecto:

1) La falsa conclusión sobre otros a partir de uno mismo. («Max Goldt me parece genial, seguro que a ti también te gustará.»)

2) La falsa conclusión de hechos a partir de sentimientos, de la realidad a partir del deseo. («Me encanta Gwyneth Paltrow, debe de ser una persona maravillosa.»)

3) La falsa conclusión de leyes naturales a partir de observaciones individuales.
    Cuando un fenómeno se repite de forma regular durante largo tiempo, pensamos que se basa en una ley. «El sol sale por la mañana y se pone al anochecer. Así es y así ha sido siempre; por tanto, así seguirá siendo eternamente.» Ahora bien, imaginemos una civilización de glóbulos sanguíneos que monta en la montaña rusa de un cuerpo humano. Al cabo de unos años de circulación, un leucocito genial afirma que la bomba cardíaca trabajará *por los siglos de los siglos*. Los demás glóbulos reaccionan con escepticismo: nada es para siempre, dicen. Pero las décadas van

pasando y el corazón sigue latiendo. Cuando el cuerpo celebra el centenario de su nacimiento, se acepta universalmente la hipótesis de la eternidad. Y al leucocito genial se le erige un trombo como monumento...

4) La falsa conclusión del futuro a partir del pasado. («La historia se desarrolla en función de un objetivo específico. Así pues, del mismo modo que es posible calcular el lugar donde caerá un proyectil a partir de la curva de su trayectoria, o predecir el proceso de crecimiento, maduración y envejecimiento de un organismo, tras un profundo estudio de la historia también podemos pronosticar el desarrollo de la sociedad humana.»)

5) La falsa conclusión del deber ser a partir del ser. El mundo en sí no es ni bueno ni malo. Las piedras, las nubes y las plantas no están obligadas a nada. Al tiburón blanco le importan un bledo los Diez Mandamientos. Las leyes morales no tienen su raíz en la naturaleza, son una invención de los seres humanos.

Un día fui a pasear a un lago y me encontré con un nadador que braceaba con fuerza y gritaba:

—¡Auxilio! ¡Tengo un calambre! ¡Me ahogo!

—Muy interesante —le respondí—. No se moleste por mi presencia.

—¡Auxilio! ¡Usted *tiene la obligación* de ayudarme!

—¿Y por qué?

—¿Es que no ha oído hablar del imperativo categórico?

–Yo creo en el principio de la no intervención.
Él chapaleaba indignado.

–Lo demandarán por denegación de auxilio.

–No –repuse yo–, el mero hecho de que usted esté ahogándose no implica que yo deba ayudarle. ¿Tengo yo la culpa de no creer en ninguna ley moral? ¿Acaso un ciego es culpable de no ver? Por otra parte, aquí nadie puede vernos.

–Auxil...

El hombre desapareció. Mi conducta en aquella situación fue lógicamente correcta.

6) La falsa conclusión de la calidad a partir de la cantidad. («La mierda es rica. No puede ser que millones de moscas estén equivocadas.»)

7) La falsa conclusión de la identidad a partir de cierta semejanza: este fallo de apreciación fue la perdición de siete cabritillas en manos de un lobo.

8) La falsa conclusión de una causa a partir de una consecuencia (véase arriba):

El tío Alois ha sufrido un infarto. Ha sido algo completamente inesperado, porque el tío Alois no fuma, hace deporte, y su nivel de colesterol está estancado en un valor ideal. ¡Pero tiene que haber alguna explicación! Nada es por nada.

–¿Ha tenido estrés últimamente? –pregunta el cardiólogo.

–Bueno –refunfuña el tío Alois–, en cierto modo, sí. He estado preocupado por mi salud.

El doctor mueve significativamente la cabeza y le prescribe un curso de *entrenamiento autógeno*.

¿Y si el tío Alois hubiese negado rotundamente

169

tener estrés? Habría sido mucho peor, pues todas las personas tienen estrés, y el estrés reprimido es *particularmente* peligroso.

9) La falsa conclusión del significado de una palabra a partir de su sonido. («Allá se lo haya el aya si no halla al niño debajo del haya.»)

10) La falsa conclusión de la calidad de un producto a partir de su precio.

11) La falsa conclusión de la situación real a partir de una estadística.

12) La falsa conclusión de lo que uno tiene intención de cumplir a partir de lo que uno promete.

13) *Last but not least*, la última en orden pero no en importancia: la falsa conclusión de las cosas a partir de las palabras, de las circunstancias a partir de lo que se dice, de la historia a partir de la descripción de la historiografía. Las palabras se inventan para decir algo sobre el mundo. Pero los elementos del lenguaje no sólo están en relación con el mundo, también mantienen relaciones internas. Las frases se rigen por leyes gramaticales, no por leyes naturales; la historia del mundo no sigue una dramaturgia secreta, como quiere hacernos creer la historiografía. Lo que pasa es que nos gusta demasiado aplicar las estructuras del lenguaje al mundo de los hechos. El resultado es una concepción *logomórfica* del mundo, es decir, de forma parecida a la del lenguaje, con tres géneros, tres tiempos, voz activa y pasiva, así como un inventario que se corresponde con el vocabulario. Lo malo de esta falsa conclusión es que

no podemos evitarla. El lenguaje es una cárcel de muros invisibles, en la que nuestra imaginación está encerrada a cadena perpetua. Y la lógica es el orden institucional que nos empeñamos en ignorar.

*

Para terminar, algunas preguntas hipotéticas: ¿habría que inculcarles más lógica a los seres humanos?, ¿merecería la pena eliminar todas las conclusiones falsas mediante manipulación genética, de modo que en todo el mundo proliferen pequeños Sherlock Holmes?, ¿cuánta lógica necesita el ser humano?

Blaise Pascal, un matemático y místico genial, ofrece una respuesta paradigmática: «El hombre no es más que un junco, el más débil de la naturaleza, pero es un junco que piensa (...) Toda nuestra dignidad consiste en el pensamiento, en él debemos apoyarnos, y no en el espacio y en el tiempo, que nunca agotaremos. Esforcémonos, pues, por pensar bien: ésa es la base de la moral».

Pascal forma parte de una larga serie de filósofos que concebían «el pensar bien» como la escencia del ser humano y el germen de la virtud. Pero esto sólo demuestra lo contagiosa que es la falsa conclusión egocéntrica (la nº 1). Las personas religiosas buscan su salvación en la fe; las personas de acción, en las empresas; y las personas racionales, en la lógica, por supuesto. Ahora bien, la experiencia enseña que el ser humano es mucho más que una calculadora y que el pensamiento lógico no nos hace buenos ni felices. En un abrir y cerrar de ojos, un ejército de bribones geniales se enfrentaría a un ejército de Sherlocks. ¿Y qué sería del amor?

No, no, sería muy absurdo convertir el juguete de los filósofos en asignatura obligatoria para todos.

No hay vuelta de hoja: el ser humano es una criatura chapucera, un ser imprevisible, un extremista encantador, un Odiseo sin Ítaca, un compás sin norte, un ave sin nido. Su brújula es la veleta. No sólo sería inútil pretender ceñir su vida a un corsé lógico, sino que además sería ilógico. Es lógico, ¿no?

Para seguir leyendo, recomiendo:

Lógica, de Carlos Alchourron (ed.) (Madrid 1995) y *La ciencia, su método y la filosofía,* de Mario Bunge (Madrid 2002).

14

El tiempo

o

El universo de los relojes

«Tres son los pasos del tiempo: el futuro se acerca titubeante, el presente huye
veloz como una flecha y el pasado está
eternamente quieto.»

(Friedrich Schiller)

«O tempora, o Moser!»

(Un profesor de latín)

¿Se viene conmigo a la sauna? Charlemos un poco
sobre el tiempo. La sauna es el lugar ideal para hablar
del tiempo, pues en la sauna el tiempo se muestra en
estado natural. Tumbados en los bancos, hay cuerpos
humanos desnudos en distintos estadios de envejecimiento. La piel, el pelo y las caderas llevan impresas
las huellas del tiempo; pero más vale no detenerse
mucho. Mejor miremos las bellas vetas del revesti-
miento de madera, porque ¿qué es una veta sino el

tiempo, atrapado en anillos anuales? Al fin y al cabo, junto a la puerta hay un reloj de arena de cristal que mide un periodo de quince sudoríficos minutos. Miremos un ratito la arena que cae...

El tiempo *pasa*. Pero sólo lo percibimos, porque a la vez que pasa se *fija* en nuestra memoria. Sin memoria no hay sensación de tiempo. Nuestro cerebro archiva el tiempo y –durante un rato– lo salva del olvido. El lenguaje es un archivo más general del tiempo. En las palabras y las expresiones también se oculta tiempo *pasado, fijado*. La imagen del tiempo que «pasa», por ejemplo, proviene de la época en que las horas se medían con relojes de arena. Desde finales de la edad media, el reloj de arena es un símbolo de la fugacidad de la vida, un insistente *memento mori*. El reloj de arena de la sauna también inspira toda clase de pensamientos profundos. Por ejemplo: ¿por qué el décimo minuto que pasamos en el baño turco nos parece mucho más largo que el primero, sobre todo después de una humidificación?

*

El reloj de sol es muchísimo más antiguo que el reloj de arena. Dicen que Anaximandro de Mileto construyó el primer reloj de sol occidental hacia el año 550 a.C., pero es probable que los cambios de turno en la construcción de las pirámides ya se rigieran por el *gnomon*, la aguja vertical que produce la sombra. La clepsidra –el reloj de agua que funciona según el principio del grifo que gotea– también es un invento relativamente reciente.

Los chinos de la dinastía Sung, contemporáneos de los cruzados, construyeron enormes maravillas para medir el tiempo. El dominio de los relojes mecánicos no comenzó hasta finales de la edad media. Uno de los principales motivos del creciente interés por medir el tiempo con precisión fueron las reglas monásticas, que prescribían oraciones para horas específicas. Si no, ¿cómo harían los hermanos una oscura mañana de invierno para saber cuándo debían entonar laudes? La puntualidad se convirtió en un mandamiento, y el que se quedaba dormido no iba al cielo.

La historia del reloj es una historia de miniaturización. El primitivo engranaje que se construyó a mediados del siglo XIV en la Catedral de Estrasburgo medía casi doce metros. En el pasillo de la casa de mis abuelos resonaba el tictac de un imponente reloj de pie que siempre me recordaba al lobo y las siete cabritillas. Se supone que lo que mide el tiempo en el reloj digital que llevo en la muñeca es un cristal de cuarzo conectado a la corriente eléctrica. Me han dicho que un isótopo de cesio 133 oscila exactamente 9.192.631.770 veces por segundo, lo cual reduce el margen de error del reloj atómico a un segundo en trescientos años.

Los tiempos cambian y nosotros también: hace trescientos años la gente se despertaba cuando cantaba el gallo, y se acostaba con las gallinas. Las faenas del campo se interrumpían cuando el sol estaba encima de la torre de la iglesia. Si por la noche alguien quería enfrascarse un rato en la lectura de la última novela pastoril, por razones de economía se decía: «Sólo media vela». El tiempo se podía oír, ver y tocar. Era blando y flexible.

En cambio, el reloj para fichar es incorruptible. El tiempo que nos domina actualmente es una magnitud abstracta, está burocratizado, homogeneizado, globalizado y capitalizado. Sí, también capitalizado, pues el tiempo es oro. El contador de mi teléfono se encarga de recordármelo cada día. Quien pierde tiempo, pierde dinero, y quien tiene dinero, puede disponer de tiempo, ya sea directamente, en forma de vacaciones, o comprándose un parque de máquinas que ahorran tiempo, un coche más rápido, el *software* más avanzado, un lavavajillas, etc. En comparación con los señores grises de la caja de ahorro del tiempo, que encarnan el espíritu de nuestra época, el principito de Saint-Exupéry resulta un poco *out of time*.

Cuando el vendedor le ofreció una pastilla que quitaba la sed por una semana, el principito le preguntó para qué servía.

—Con esta pastilla se ahorra mucho tiempo —respondió el vendedor—: cincuenta y tres minutos por semana.

—¿Y qué se hace con esos cincuenta y tres minutos?

—Cada uno hace lo que quiere.

—Pues yo, si me sobraran cincuenta y tres minutos —dijo el principito—, iría andando muy despacio hasta una fuente...

La fuente que estaba en las puertas de la ciudad era algo más que un surtidor de agua. Junto a la fuente vespertina, uno podía convencer a la dama boba para que le diese un beso. «En torno al oscuro borde corroído de la fuente se inclinan los amelos, tiritando de frío por el viento», componía Georg Trakl antes de abandonar este mundo. Suena un poco más romántico que: «En torno a la reluciente grifería de acero inoxidable se inclinan los amelos tiritando de frío por el viento». En las tenebrosas profundidades del pozo vive un príncipe encantado. En el grifo vive, a lo sumo, la cal. El agua que sale por él se asemeja a los tiempos modernos: está depurada y clorada, no tiene ni patria, ni historia, ni sabor. Y siempre es a presión. Junto al pozo hay un tilo centenario. Junto al grifo, un frasco de Mistol.

Grifos, congelador, música enlatada...: nos hemos acostumbrado a que los artículos de uso funcionen independientemente de la época del año y las horas del día. Pero los seres humanos resultamos ser anacronismos en este hermoso mundo intemporal. En vano intentaba Charlie Chaplin en *Tiempos modernos* adaptarse a la cadena de fabricación. El ser humano nunca es de fiar. Nuestro reloj biológico sigue el ritmo de la luna. Si me tomo el puso, la diferencia salta a la vista. El segundero del reloj de pulsera se mueve en círculo, a ritmo uniforme, mientras que el reloj de la sangre de la muñeca unas veces salta y otras cojea. Un pulso completamente regular revela la presencia de un marcapasos. El sentido personal del tiempo no se orienta por el átomo de cesio, reacciona ante las hormonas y los cambios de lugar. En los viajes también existe una diferencia horaria interna. Por eso, cuando viajamos, el tiempo se pasa volando, mientras que las personas muy caseras suelen tener la impresión de que está detenido, sobre todo cuando el televisor está estropeado y el hombre del servicio técnico se toma su tiempo para venir a repararlo.

Miremos adonde miremos, vemos relojes. Incluso donde no se puede mirar. ¿Acaso los seres vivos no son una interacción de relojes orgánicos? La piel y el pelo, las glándulas sexuales, el corazón, los ojos, el cerebro: no hay ninguna parte del cuerpo en la que no haya empezado una cuenta atrás. Es más, hasta mirando el morro de un caballo se descubren los estragos del tiempo.

*

Pero ¿qué es el tiempo en realidad?

«Algo muy natural y cotidiano que, no obstante, permanece irremediablemente oculto, y la solución del enigma es algo inaudito», se sorprendía san Agustín. «Si nadie me lo pregunta, lo sé; si quiero explicárselo a alguien, no lo sé.» De modo que es casi imposible afirmar que el tiempo *existe*. El pasado *ya no* existe y el futuro *aún no* existe. Queda el presente. Pero el presente no es más que una continua transformación del futuro en pasado, una línea imaginaria entre la esperanza y el recuerdo; como san Agustín tan objetivamente constata, «el presente no abarca ningún espacio de tiempo». El presente no dura ni una hora, ni un minuto, ni un segundo, no dura *nada de nada*. Ahora bien, si el pasado no *existe,* el futuro tampoco *existe* y el presente no es *nada, ¿entonces qué es el tiempo?*

Immanuel Kant era una persona puntual. Seguía su rutina diaria con tanta precisión que, según dicen, los habitantes de Königsberg, su ciudad natal, se guiaban por él para poner sus relojes en hora. Tal vez era por eso que Kant creía que el tiempo era un principio estructural innato en el ser humano. Es imposible saber cómo es el mundo en realidad. Nadie puede decir si hay un tiempo absoluto, es decir, independiente de los objetos y los seres vivos. Pero sabemos que, en primer lugar, el ser humano organiza sus impresiones en el espacio y en el tiempo. En efecto, las primeras preguntas que se nos ocurren cuando despertamos de un sueño profundo en un entorno extraño son: ¿dónde estoy?, ¿qué hora es? Estar-en-el-mundo siempre significa también *estar-en-el-tiempo*.

Si en Kant el espacio y el tiempo ya conformaban un par, en la física moderna se funden en un *espacio-tiempo* de cuatro dimensiones. ¿El tiempo sólo es una dimensión más, aparte del largo, el ancho y la altura? En cierto modo, sí. Veamos el mundo espaciotemporal desde el punto de vista del aquí y ahora:

Longitud:	izquierda	– aquí –	derecha
Ancho o profundidad:	detrás	– aquí –	delante
Altura:	abajo	– aquí –	arriba
Tiempo:	antes	– ahora –	después

Entonces el presente no es otra cosa que la coordenada 0 del tiempo.

Sin embargo, en comparación con el muy familiar triplo de las dimensiones espaciales, el tiempo resulta un poco exótico. Pero ¿qué es lo que lo hace tan *distinto*? No es la relatividad de su percepción. Cuando vamos a dar un paseo en un lugar nuevo y regresamos por el mismo camino, la vuelta nos parece más corta que la ida, no sólo desde el punto de vista temporal sino también espacial. Y no vamos desencaminados: es imposible volver en el tiempo. El retorno al pasado nos está vedado, excepto en la memoria y en la ciencia ficción.

Esto está relacionado con la llamada *ley de la entropía*, que postula que el «desorden» en el mundo –en términos físicos, la entropía– siempre va en aumento, y el cosmos se transforma irremisiblemente en una montaña de basura. Cada segundo el sol arroja al espacio enormes cantidades de energía, y lo mismo hacen todos los astros asociados. Un día el sol se extinguirá y, con él, todos los astros asociados. Toda la energía se distribuirá de forma uniforme en el espacio, y nuestro hermoso universo parecerá un desierto lleno de chatarra astral. Bueno, a decir verdad, no *parecerá* nada, pues estará completamente a oscuras, y tampoco habrá murciélagos que puedan «ver» en la noche eterna. La energía térmica estará regularmente distribuida, de modo que no habrá más flujo de energía. Entonces tampoco será posible la vida; todos los relojes, orgánicos e inorgánicos, se pararán, y el tiempo quedará detenido. Este proceso es irreversible, del mismo modo que ningún reloj se da cuerda a sí mismo.

Si esa muerte pacífica sería más desagradable que un espectacular colapso del universo con estallido final incluido, eso ya es cuestión de gusto. Pero, sea como sea, la humanidad aún tiene tiempo para hacer su testamento.

*

Pero, un momento. Si arreglo mi habitación y ordeno los libros en la estantería, ¿no estoy arrojando por la borda la ley de la entropía? En absoluto, pues el esfuerzo de ordenar provoca una aceleración del metabolismo, y el «desorden» que esto genera en el cuerpo compensa con creces el orden de los estantes. No obstante, podemos decir con cierto fundamento que la vida logra defenderse de la entropía durante algún tiempo. Un cuerpo muerto se descompone en unos pocos días. Un cuerpo vivo puede llegar a mantenerse bastante bien durante cien años, eliminando continuamente la entropía y, por tanto, aumentando la entropía de su entorno.

Vista así, la vida es un continuo combate en retirada en la lucha contra la decadencia y, particularmente en la segunda mitad, un intento de detener el tiempo con ayuda de la cosmética, la medicina y la gimnasia mental.

Los antiguos egipcios ganaron las más enconadas batallas contra el tiempo. Innumerables esclavos dieron la vida por el proyecto de inmortalizar a un faraón. Miles de años casi no han podido hacerles mella a las grandes pirámides. Y si Michael Crichton pudo revivir al *Tyrannosaurus rex* a partir de una gota de sangre, ¿por qué no podría resucitar algún día el rey Tutankamón? Seguramente, causaría sensación en el «Parque de las Momias».

El arma más poderosa que inventaron los egipcios contra el tiempo fue el jeroglífico. La escritura nos permite fijar los pensamientos. Una vez fijados, los razonamientos se pueden «clonar» y reproducir a voluntad, mediante una simple copia. Así se inmortalizó la alegría de Homero, así se eternizaron las penas de amor de Safo en la poesía. Y cuando leemos a Platón, nos parece estar oyendo filosofar a Sócrates en la plaza de Atenas.

Las armas modernas en esta lucha contra el tiempo —la cámara fotográfica, el CD, el ordenador— tienen una eficacia asombrosa. Si sentimos deseos de decirle al momento que estamos viviendo: «Quédate un rato más. ¡Eres tan bello!», basta pulsar un pequeño botón. Escuchamos cantar a la Callas y vemos *Casablanca* por décima vez. Nuestros programas de entretenimiento están llenos de muertos vivientes, y ya es posible revivir virtualmente a Humphrey Bogart, justo a tiempo para el rodaje de *Casablanca II*.

A pesar de todo, el ser humano causa una triste impresión cuando se aferra desesperadamente al tiempo. Es como un intento de superarse a sí mismo. El tiempo se nos deshace entre las manos en el momento en que creemos haberlo atrapado. Lo que tenemos en la mano cuando miramos un viejo álbum de fotos, es sólo la tumba del tiempo perdido y sus restos momificados. Creemos custodiar un tesoro, y no guardamos más que un motón de cachivaches.

*

Pero, como escribe Horacio:

> «El tiempo huye, envidioso, mientras hablamos.
> Así que no te fíes del mañana,
> y disfruta el día de hoy».

Una rosa que florece es más valiosa que un diamante. Más fascinante que la Mona Lisa es la sonrisa fugaz de la chica a la que le cedo el paso en la taquilla del teatro. Más segura que la roca bañada por el oleaje es la ola que baña la playa. ¡Arrojémonos al río del tiempo! Dejémonos llevar adonde él quiera, al mar de la eternidad o a la ducha fría. Lo importante es que salgamos ya mismo de la sauna. Nuestros quince minutos se han acabado.

Para seguir leyendo, recomiendo:

La flecha del tiempo, de Peter Coveney y Roger Highfield (Barcelona 1992).

15
La igualdad

o

La balanza de la Justicia: ¿cuna de la justicia?

«Todos los animales son iguales, pero
algunos son más iguales que otros.»

(George Orwell, *Rebelión en la granja)*

Hoy es 20 de marzo. El inicio de la primavera. El
sol está en el ecuador celeste. La antigua palabra alemana para designar al ecuador es *Gleicher* [igualador,
nivelador]. De modo que los días y las noches tienen
ahora la misma duración (doce horas cada uno), la luz
y la oscuridad se equilibran, así como están equilibra-
dos en nuestros cuerpos izquierda y derecha, delante
y detrás. Desde que el ser humano decidió andar ergui-
do, casi toda su vida baila en la cuerda floja: siempre
que no está durmiendo, alguna parte de su cuerpo está
ocupada en mantener el equilibrio, por lo general, de
forma inconsciente. En la bóveda del oído interno, los
órganos del equilibrio velan por que no nos demos de
narices ni nos caigamos de culo. En el estado de embria-

guez total nos damos cuenta de lo inestable que es nuestro equilibrio. Con un grado de alcoholemia de 2, hasta las personas más equilibradas se tambalean.

«Equilibrado» puede ser también un balance (la palabra «balance», al igual que «balanza» proviene del término latino *bi-lanx*, «de dos platillos»). Para que nuestro presupuesto esté «equilibrado», necesitamos nociones elementales de matemáticas. ¿Y qué sería de las matemáticas sin el signo igual? Un lío infernal de cifras. En cambio, la fórmula $a^2 = (c+b)(c-b)$ parece mucho más prometedora. Primero se deduce la figura binomial $a^2 = c^2-b^2$. Un paso más y... ¡mira!: $a^2+b^2 = c^2$. El triángulo rectángulo se balancea seguro sobre la barra de equilibrio del signo igual.

En la naturaleza, las poblaciones de cazadores y cazados oscilan en torno a un promedio estable. Cuando un ecosistema «pierde el equilibrio», es porque el ser humano mueve, intencionadamente, la cuerda floja de la naturaleza. En 1872, por ejemplo, se introdujo en Jamaica el mungo, una mangosta del este de la India, con el fin de diezmar las ratas de las plantaciones de azúcar. Los mungos cumplieron muy bien su cometido. Pero cuando acabaron con las ratas, dieron cuenta del resto de pequeños mamíferos de la isla, como pájaros, lagartos y serpientes, lo cual hizo que los insectos se multiplicaran rápidamente y formaran nubes que atacaron las plantaciones y causaron muchos más estragos que todas las ratas juntas.

La balanza en la mano de la Justicia, el hombre de la estación que reparte equitativamente su equipaje en ambas manos, el balancín en el parque infantil: miremos adonde miremos, por todas partes encontramos equilibrios, y lo que está en equilibrio por lo general es sano, bello y correcto. Así pues, las personas a las que les interesa la política se plantean la siguiente pregunta: ¿cuándo se encuentra realmente una sociedad en equilibrio interno? O bien: *¿cuál es el origen de la desigualdad entre los seres humanos?*

*

A mediados del siglo XVIII, la Academia de Dijon sometió esta pregunta a discusión pública. Jean-Jacques Rousseau respondió en su *Discurso sobre la desigualdad:* «El primer hombre que cercó un trozo de tierra, tuvo el descaro de decir "esto es mío" y encontró gente ingenua que se lo creyera, ése fue el verdadero fundador de la sociedad burguesa. Cuántos crímenes, guerras, asesinatos, sufrimientos y horrores le habría ahorrado a la humanidad alguien que hubiera arrancado los postes o rellenado la zanja, y les hubiese gritado a sus semejantes: "¡No hagáis caso a este estafador! Estaréis perdidos, si olvidáis que los frutos son de todos y la tierra de nadie"».

Para Rousseau, en el estado natural los seres humanos eran iguales y buenos. Fue la propiedad privada lo que generó riqueza y pobreza, y las desigualdades económicas provocaron todos los demás males. La situación que Rousseau veía en Francia fue lo que le sugirió estas ideas: Luis XV pagaba a 1.500 jardineros y floristas para seguirle el humor a Madame de Pompadur. Los macizos de flores de los parques de la querida del rey se renovaban todas las noches. En invernaderos especiales se tenían preparados dos millones de tiestos con ese fin. El propio rey era un amante de la variación. En el «Parque de los Ciervos» se había montado un discreto burdel privado. Quien gozaba de cierto respeto en Francia o quería hacerse respetar tenía que estar presente en París. Mientras sonaba la música en la corte de Versalles, en el país imperaba la más absoluta miseria. Ni siquiera en la edad media los campesinos habían estado tan mal.

Hacia finales de siglo, el sistema social se derrumbó, y Rousseau puso su granito de arena. En su tratado *El contrato social,* de 1762, propuso un modelo de Estado que, según él, garantizaba la libertad, la seguridad y la igualdad a sus ciudadanos: la versión romántica de una democracia básica. De ahí al revolucionario grito de «Libertad, Igualdad, Fraternidad» no había más que un pequeño paso. Robespierre fue un ardiente defensor del filósofo. Sylvain Maréchal escribió en 1796 un *Manifiesto de los iguales* en consonancia con el espíritu de Rousseau: «Entre los seres humanos no debe haber más diferencias que las de la edad y el sexo. Como todos tienen las mismas necesidades y las mismas capacidades, también deben recibir la misma educación y la misma alimentación. Un único sol y un único aire basta para todos: ¿por qué no iban a bastarles también a todos la misma ración y calidad de alimentos?»

Paradójicamente, el terror de la Revolución también se remitió a Rousseau. Él había afirmado que la «voluntad general» podía forzar al individuo por su bien. Vivo o muerto, ¡pero libre! De acuerdo con esta idea, un tal doctor Guillotin, representante del tercer estado en París, presentó en 1789 una solicitud para que no hubiese más diferencias de clase en la ejecución de la pena de muerte. Su iniciativa desembocó en la construcción de esa máquina de cortar cabezas que igualaba definitivamente a todos: el rey y la reina, los hijos de la Revolución y el legendario criminal Lacenaire.

*

«Unidad» es una palabra mágica. Nos sugiere la idea de una felicidad utópica, de un paraíso recobrado. Pero, según la creencia, un estado de total igualdad sería un anticipo del Nirvana. No hay diferencias de clase ni lujo privado y, por tanto, tampoco hay miseria privada. Todos los seres humanos son felices y trabajan en armonía con la naturaleza, para mejorar el estándar de vida colectivo.

Karl Marx ya tenía ese sueño de pequeño: en su casa paterna de Tréveris el autor favorito, desde luego, era Rousseau. Para el comunismo todas las grandes sociedades tradicionales estaban desequilibradas. En todas partes, el platillo repleto de los desfavorecidos hace que el platillo de la alta sociedad esté por las nubes. Sólo una revolución puede restablecer el equilibrio original, es decir, la igualdad universal.

*

Más de dos mil años antes de los comunistas, Platón había tenido ideas revolucionarias similares.

Pero su diagnóstico de la sociedad era completamente diferente.

Platón había nacido en el año 427 a.C., en Atenas. Esta ciudad-Estado presumía de un invento que llamaban *demokratía*. Para los 40.000 ciudadanos varones atenienses regía el principio de «iguales derechos e iguales deberes para todos». Los funcionarios del gobierno se escogían según el sistema de rotación y, por la colaboración obligatoria en el consejo y la asamblea popular, se pagaban dietas con los fondos del erario público. La Atenas «democrática» vivía un apogeo político y cultural, del cual la Acrópolis aún hoy sigue siendo una prueba visible. Pero la igualdad de derechos tenía sus limitaciones. Los esclavos y las mujeres disfrutaban tan poco de ella como los vecinos débiles. Cuando Atenas luchaba con Esparta por la hegemonía de Grecia, Milo, una pequeña isla del archipiélago de las Cícladas, se vio obligada a entrar en la guerra. Pero los ciudadanos de Milo se empeñaban en ser independientes. A lo cual, los atenienses replicaron: «¡Basta de frases bonitas! Vosotros sabéis tan bien como nosotros que la justicia en la relación entre los seres humanos sólo tiene vigor cuando las fuerzas están equitativamente repartidas. Si alguien es superior, impone sus intereses en la medida en que esté en su poder hacerlo, y el perdedor debe obedecer sin chistar».

Los ciudadanos de Milo decidieron luchar y fueron derrotados. Los atenienses masacraron a los 1.500 hombres que había en la isla; las mujeres y los niños fueron vendidos como esclavos. Los «democráticos» asesinos sentían que tenían derecho a hacer esto: la violencia contra los más débiles es una buena y antigua costumbre en la naturaleza. Los habitantes de Milo con su absurda idea de la igualdad de derechos habían faltado a las leyes de la naturaleza y la razón. Por consiguiente, merecían ser exterminados.

Al que al cielo escupe, en la cara le cae. Dirigida por demagogos belicosos, Atenas se hundió en una catástrofe moral y militar. Esparta ganó la guerra. En el año 399 a.C., Sócrates, el maestro de Platón, fue condenado a muerte, no por un tirano sanguinario, sino por un tribunal popular, tras un proceso escandaloso.

De modo que Platón tenía buenas razones para dudar de la superioridad moral de la democracia. El Estado ideal, tal como él lo concebía, no guardaba casi ninguna semejanza con Atenas. En él, la sociedad estaba dividida en tres clases homogéneas, estrictamente diferenciadas: la clase de los artesanos, campesinos, comerciantes, etc. era la encargada de velar por el sustento; la clase de los militares, por la seguridad; y la clase de los filósofos, por un gobierno sabio. Si todos los ciudadanos cumplían bien la función que les correspondía, el Estado prosperaría y estaría a salvo de cualquier intento de golpe de Estado.

Platón tenía una concepción de la justicia diferente de la de los viejos «demócratas» y los modernos comunistas. Estos últimos parten del supuesto de que, en principio, todos los seres humanos son iguales y, por tanto, merecen el mismo trato: los mismos derechos, la misma educación y las mismas propiedades. (Y los mismos pijamas, completó Mao.) Por el contrario, Platón creía que los seres humanos son, en principio, diferentes. Por esa razón, repartía de forma diferenciada las tareas sociales. Así como menos por menos es más, la desigualdad de trato entre personas diferentes puede interpretarse como algo justo: la llamada «igualdad geométrica» de Platón es una práctica corriente en numerosos ámbitos. Tanto el salario en función del rendimiento y la progresión fiscal como el sistema escolar dividido en distintos programas de formación funcionan según el principio platónico. Cada uno debe ser remunerado, gravado y educado de acuerdo con sus posibilidades y capacidades. La igualdad está en la correspondencia: «¡A cada cual lo suyo!».

En cambio, todos los domingos de elecciones me encuentro con la «igualdad aritmética». Entonces no importan ni la formación política ni el poder económico ni la edad (siempre que uno sea mayor de 18). «¡A cada cual lo mismo!» Sin embargo, sería perfectamente posible que los pensionistas, debido a su mayor experiencia, emitieran más votos que los votantes primerizos, o que los jóvenes votaran más veces que los viejos dada su mayor expectativa de vida. Desde luego, no serán los ancianos de noventa años quienes tengan que pagar los platos rotos de la próxima reforma educativa.

*

En el Nuevo Testamento encontramos un famoso ejemplo del conflicto entre igualdad «geométrica» y «aritmética». En Mateo 20, 1-16, Jesús cuenta una nueva parábola. El propietario de un viñedo va al mercado por la mañana temprano y contrata a dos trabajadores. El jornal convenido es una moneda de plata. Al mediodía vuelve al mercado y contrata a otros dos hombres para que trabajen en su viñedo a cambio de una moneda de plata. Promete pagar el mismo jornal a un tercer grupo de trabajadores que contrata poco antes del anochecer. Cuando el administrador paga los jornales, los hombres que han estado trabajando todo el día se ponen a refunfuñar: «¿Cómo? ¿Los últimos que han venido han trabajado sólo una hora y les pagas lo mismo que a nosotros, que hemos estado currando todo el día bajo el sol?» Pero el propietario del viñedo responde al portavoz de los insatisfechos: «Oye, yo no estoy siendo injusto contigo. ¿Acaso no hemos convenido que te pagaría una moneda de plata? Pues, ya te la he pagado, así que ahora márchate. Si quiero darle al último lo mismo que a ti, es asunto mío».

Y tenía razón. Pues la moneda de plata simboliza el reino de los cielos, y el reino de los cielos no se puede cambiar por una pequeña moneda. No puede haber media redención, del mismo modo que no puede haber medio nacimiento o media muerte. En lo importante, en el centro de la existencia humana –y en verdad sólo allí–, todos los seres humanos son iguales. Por más casas o títulos que alguien posea, sólo tiene *un* cuerpo, *un* alma y *una* libertad. Como persona independiente y responsable de sus actos, el presidente de la junta directiva o el premio Nobel de la paz no tienen más valor que el niño de la calle o el asesino. En la balanza de la dignidad, todos los seres humanos pesan lo mismo.

*

¿Y los animales? «Todos los animales son iguales», reza el último y más importante de los siete mandamientos que escribieron los cerdos revolucionarios en la pared del granero de la granja de Orwell. Puede que, desde el punto de vista de los cerdos, esto parezca correcto. Pero, a grandes rasgos, los seres humanos dividimos el reino animal en cinco castas. La inmensa mayoría de los animales nos son desconocidos o indiferentes: ese sería el primer grupo. Los bichos forman el segundo grupo; les sigue el ganado útil: comestible, ordeñable, esquilable, cazable u ovíparo. En una categoría especial se incluyen los animales con los que tenemos una relación amistosa, como los pájaros cantores, los perros y los antropoides. Y, por último, se encuentra la categoría de los animales sagrados, a los que está terminantemente prohibido matar, porque son los protegidos de los dioses o, incluso, su encarnación: los gatos y cocodrilos en el antiguo Egipto, el cóndor entre los indios americanos o la proverbial vaca sagrada de los hindúes. Sin duda, hay que ser muy igualitario para atribuir el mismo rango a un elefante que a una garrapata.

Pero hay seres humanos que piensan así, o que incluso van un paso más allá y afirman que todas las criaturas son iguales, como la antiquísima religión del jainismo indio. A los monjes jainíes ortodoxos se les reconoce porque van barriendo el suelo con una escoba antes de pisarlo, para no aplastar a ningún escarabajo. Piensan que en cada ser vivo habita un alma divina y que las almas migran de una existencia a otra. Por lo menos, es un interesante experimento intelectual: la araña que está en mi balcón quizá haya sido Greta Garbo en su vida anterior, y en *mi* próxima vida tal vez sea mi tía abuela de ocho patas.

*

A pesar de que el grito de igualdad se eleva tan a menudo, el jainismo no ha llegado a imponerse entre nosotros. Ni en la literatura socialista encontramos un llamamiento a la solidaridad con las abejas obreras. Después de todo, ¿no es curioso que la igualdad sólo se reivindique en *una* dirección: casi siempre «hacia arriba»? Los débiles ciudadanos de Milo reclamaban igualdad con los fuertes atenienses, los *sans-culottes* franceses reclamaban igualdad con la nobleza y el clero, las mujeres reclaman igualdad con los hombres. La igualdad es la clásica reivindicación de los pobres y los débiles (aunque raras veces, *muy* raras veces con relación a los que son aún más pobres y más débiles). Se plantea entonces la pregunta de si en el contexto político «¡Igualdad!» no será un concepto de combate bien camuflado, que en cristiano significa «¡Más!». Quizá habría que traducir aquello de «¡Liberté, égalité, fraternité!» como «¡Más poder, más dinero, más diversión *para mí y para mis amigos!*».

*

Ahora en serio: ¿podemos los hijos del bienestar exigir más derechos con la conciencia tranquila, mientras toleramos o nos aprovechamos de las peores injusticias encogiéndonos de hombros? Estoy pensando, por no citar más que un ejemplo, en los curtidores de la India que se arruinan la salud por unas pocas rupias, para que en Europa podamos comprar zapatos «a un precio ventajoso». Pero no hace falta ir tan lejos, la miseria está a la vuelta de la esquina: ¿por qué los niños no tienen derecho de veto cuando sus padres se quieren divorciar? ¿Acaso no están directamente implicados en todos los casos y, en muchos, son los principales perjudicados? A los niños se les expropia, desarraiga y –en una reposición diaria de *El círculo de tiza caucasiano*– se les desgarra en pedazos, sólo porque su padre, su madre o ambos reclaman el derecho a la autorrealización. La reivindicación de la igualdad de derechos, cuando está dictada únicamente por el egoísmo, no merece una condecoración.

Y todos los derechos, tanto los que concede el Estado como los que concede el destino, conllevan el deber de hacer buen uso de ellos. La libertad nos obliga a tener en cuenta la libertad de los otros. La propiedad nos obliga a la utilidad pública. La salud y la juventud nos obligan a ayudar a los viejos y achacosos. Así, los derechos y los deberes mantienen más o menos en equilibrio la balanza. Ése es el sentido del contrato de la humanidad.

*

Pero ¿qué hago yo moralizando? Un auténtico filósofo planea por encima de estas cosas. Derechos y deberes, *todo* le es igual, mientras él esté en equilibrio.

Adiaphoría, «indiferenciación», llamaban los estoicos a esta indiferencia del sabio, que no valora más la riqueza que la pobreza ni la pobreza que la riqueza, que no valora más la fuerza que la debilidad ni la debilidad que la fuerza, que no valora más la alegría que la tristeza ni la tristeza que la alegría.

En el alma de aquél a quien todo lo exterior le es indiferente porque sabe que se trata de una ilusión, se instala un silencio libre de deseos, y su rostro se asemeja a un mar en calma, en cuyas tranquilas aguas se refleja la sonrisa de Buda.

Para seguir leyendo, recomiendo:

Epístolas morales a Lucilio de Séneca.

16

La información

o

Desinformación y formación

«Nuestro único consuelo en la miseria es la distracción, y ésa es nuestra mayor miseria; pues en
el fondo es la distracción lo que nos impide reflexionar sobre nosotros mismos, lo que nos va
degradando imperceptiblemente. Sin distracciones, nos aburriríamos, y el mismo aburrimiento
nos impulsaría a buscar un mejor modo de com-
batirlo. Pero las distracciones nos entretienen
y, sin que nos demos cuenta, nos van llevando
poco a poco a la muerte.»

(Blaise Pascal)

La tienda de la esquina está vacía. La viejecita que
está detrás del mostrador goza de una salud de hierro.
Y tiene el título de dependienta profesional de panadería. Sobre las diez, cuando recojo mis panecillos con
pasas, me saluda:

—Buenos días, ¿qué hay de nuevo?

La mayoría de las veces no sé qué contestar. No suelen pasarme muchas cosas antes del desayuno. En cambio, a la panadera siempre le pasa algo.

—¿Y qué me dice de Clinton? ¿Ya lo ha leído? —añade, señalando la pila de periódicos sensacionalistas—. El titular dice: «MISS LEWINSKY, ¿QUÉ HA PASADO CON SU PURO?».

—¿Qué le parece? —me pregunta la dependienta profesional de panadería—. ¿No es asqueroso? ¡Pobre mujer!

—Francamente desagradable —digo yo, que también fumo puros, y cojo un periódico de la pila. No sólo de panecillos de pasas vive el hombre. Un poco de cultura con el desayuno no viene mal.

Periódicos y cultura, información y formación: ¿son compatibles?, ¿qué es la formación?

Si miramos más de cerca esta seria palabra, vemos que tras ella se oculta una filosofía explosiva. La formación «forma», es decir, le da forma a algo que antes no la tenía. El ser humano, tal como se origina en la naturaleza, no es perfecto, no está «acabado». Es como un trozo de arcilla al que hay que modelar, «formar». Sólo mediante el proceso de formación la personalidad toma forma. La formación no se limita a empollar teoremas y sistemas. No basta con saberse de memoria la Espasa Calpe y las obras completas de Shakespeare. Tan importantes como el saber son los métodos, con ayuda de los cuales podemos obtener nuevos conocimientos. Son muchos los caminos que llevan a Roma. Quien entra por la antigua vía Apia ve una ciudad distinta que quien coge la *autostrada* de Florencia. Por eso habría que conocer varios métodos (literalmente: «caminos»). Quien tiene *un* método no tiene *ningún* método. Sólo la suma de todos los caminos nos permite ver la imagen completa, la «verdadera» Roma.

Una condición esencial de la educación es lo que actualmente se llama «inteligencia emocional». Pues la investigación es siempre investigación humana. La erudición en el desierto, la erudición por la erudición misma, tal como la practicaba Kien, es ridícula y absurda. El doctor Peter Kien –el protagonista de *Auto de fe,* la obra maestra del escritor búlgaro Elias Canetti– es el mayor sinólogo viviente y el paradigma del bibliófilo. Su biblioteca contiene 25.000 obras selectas. Como científico es infalible, un superhombre, pero no tiene inteligencia práctica ni el más mínimo conocimiento de la naturaleza humana. Y esa es su perdición. Su ama de llaves lo seduce para casarse con él, ocupa su biblioteca y, finalmente, lo arrastra a la locura. Kien es una ficción, pero los peligros de la *de-formación*, de la mala educación, son reales. Su víctima es como el culturista, que tiene tanta fuerza que no puede andar. Así pues, la educación no tiene valor en sí misma, siempre debe comenzar y acabar en el ser humano. El ser humano es la medida de toda educación.

Los padres y los maestros brindan los fundamentos de la educación. A partir del trozo de arcilla, forman una pieza bruta. El individuo en bruto se estremece, parpadea, despierta a la vida. El objeto de la educación se convierte en su sujeto. Al principio a tientas, con el tiempo cada vez más seguro, el homúnculo empieza a modelarse. Detecta «lagunas culturales» y las repara. Con mayor eficacia aún, pone de relieve sus puntos fuertes. Se fija en la armonía del conjunto como un escultor. Es el autor y el protagonista de su novela de educación personal.

*

Esta concepción humanista de la educación se contrapone a la opinión general. Cuando el presidente de Alemania Roman Herzog apelaba a la conciencia de la nación alemana, la educación era un *tema clave*, por eso él hablaba de la *formación* en las escuelas y universidades. El objetivo de la formación es la cualificación social y profesional. El diploma escolar, el examen de oficial y el título académico son el billete de entrada a la vida profesional. El desarrollo individual de la personalidad es un efecto secundario positivo, pero no es el objetivo de la formación. La formación se acaba en algún momento, y entonces uno *tiene* un título, un diploma o un grado académico. En cambio, la auténtica educación nunca termina. No es una posesión, sino una tarea que se nos plantea todos los días, como el amor.

Por otra parte, el amor es un maestro excepcional. Nos hace estar atentos y receptivos. ¿Y qué hace el señor Keuner de Brecht cuando quiere a una persona?

—Hago un boceto de ella e intento que se le parezca.

—¿El boceto a la persona?

—No, la persona al boceto.

«Pues si sólo tomamos a las personas tal como son —comenta el Wilhelm Meister de Goethe—, hacemos que sean peores de lo que son. Pero si las tratamos como si fueran lo que deben ser, las acercamos a lo que deben ser.»

No es fácil soportar semejante amor. Al ser humano le gusta darse por concluido y exige: «Quiéreme tal como soy. Si no te gusta, ya sabes dónde está la puerta». Hace falta tener mucha confianza en el otro y mucha confianza en uno mismo, para querer cambiar por amor a alguien.

Una intención similar debía de tener Platón, cuando contó el famoso mito de la caverna. Los hombres de la caverna están atados en una sala subterránea, miran fascinados una suerte de pantalla de cine, confunden las sombras proyectadas en la pantalla con la vida real y se divierten, sin darse cuenta, hasta la muerte. Si alguien quiere liberar a los cavernícolas de su existencia de sombras y llevarlos a la luz del sol, ellos se resisten con todas sus fuerzas. El nacimiento siempre es doloroso, y la educación es un continuo nacimiento.

*

Algunas personas creen que el «amor platónico» es el prototipo del sexo seguro. En realidad, Platón quería decir que cada hombre lleva dentro de sí el ideal de humanidad y necesita ayuda para parirlo. El platónico ama lo bueno que hay oculto en los seres humanos y les brinda sus servicios de partera.

«¿Amor platónico? No, gracias, preferiría algo más concreto», diría mi dependienta profesional de panadería. ¿Y se lo podemos tomar a mal? Una persona culta no es necesariamente una persona feliz. Pues, como dice el predicador Salomón: «Esforzarse por adquirir saber es como querer cazar viento. El que sabe mucho tiene muchos disgustos. Cuanto mayor es la experiencia, mayor es la decepción».

El saber enciclopédico y los buenos modales quizá nos imponen respeto cuando los observamos en otros, pero nos llenan de orgullo cuando los declaramos de nuestra propiedad, aunque honestamente: bien podemos renunciar a ellos de vez en cuando. Y, en ocasiones, bajo la influencia de desinhibidores líquidos, ¿no iríamos un paso más allá y nos comportaríamos como los cerdos? Beber, devorar y pelear como Conan, el bárbaro. Eructarles en la cara a todos los mentecatos, meter mano a todos los traseros apetitosos que se nos cruzan por el camino y mandar a tomar viento a la desagradable cultura. ¿Y comer alguna vez en McDonald's? Eso sí que sería guay, super guay, de puta madre. ¿Y si viniera alguien y nos señalara con un dedo acusador: «¡Cómo puede alguien caer tan bajo! ¡Y yo que lo tenía por un hombre *tan* educado!»? Entonces no nos quedaría más remedio que gruñir con desprecio: «¡De ilusión también se vive!»

En efecto, existe una cierta ignorancia y una pseudoeducación, cuya estupidez es proverbial. Poseer una educación presentable ha sido siempre un símbolo de estatus. Para la alta sociedad, que podía permitirse comprar libros y pagar profesores particulares, la educación servía como certificado de la propia excelencia y como barrera para separarse de la plebe que se hurgaba la nariz. El objetivo idealista de la educación, «ser mejor», se pervirtió. Las personas ávidas de educación querían y quieren «ser más». Antes presumían –*sapienti sat*– de fórmulas latinas, ahora presumen del *cyberspeak* global, derrochan citas de filósofos franceses de moda y escriben –preferentemente para un suplemento cultural– en un estilo cuya finalidad principal no es la claridad, sino la difusión de cierto hálito intelectual. En parte por su propia culpa, la cultura se ha visto sumida en una atmósfera arrogante de sabelotodos.

*

Y, por eso, el enmohecido concepto de «formación» se reemplazó por un concepto nuevo, nada sospechoso: el concepto de «información». La información guarda cierta similitud con la formación (el verbo latino *informare* significa «formar, dar forma, dar una idea, instruir»), pero su imagen pública es completamente distinta. Podría decirse que la información es la hermana moderna, democrática, de la formación: joven, vivaz y dispuesta a cualquier broma.

El medio clásico de formación es –o quizá *era*– el mentor, el acompañante paternal que con tacto y con rigor se encargaba de que el pupilo siguiera su camino. Cuando faltaba un mentor, se le sustituía por un «buen libro»: Homero, la Biblia, Plutarco, Robinson Crusoe, David Copperfield. La información nos llega a través de otros canales, como los periódicos y las revistas de actualidad, la radio, la televisión e Internet. Los medios determinan el mensaje: la información se caracteriza por la actualidad, la diversidad y la facilidad de acceso.

La revolución se inició con un teletipo arrítmico: en mayo de 1844, mi tocayo anagramático Samuel Morse transmitió el primer telegrama de Washington a Baltimore: un par de líneas gratas a los ojos de Dios. El télex tendió los primeros hilos de nuestra red mundial de comunicación. Él y sus descendientes multimedia eliminaron el espacio, y, junto con él, el tiempo. La persona informada está presente en todas partes a través de una conexión en vivo: en el partido de tenis de Sydney, en el tornado de Florida, hasta en el paseo espacial por la Luna. Las personas cultas conocían bien la historia. Ahora son ellas las que casi han pasado a la historia. La persona informada sabe todo lo que pasó hoy, algo de lo que ocurrió la semana pasada, casi nada de lo que ocurrió el año pasado, y lo que ocurrió antes de su nacimiento se pierde en la nebulosa de la prehistoria. La información destruye las relaciones y sepulta la historia bajo un aluvión de novedades.

Mientras que la formación se basa en contenidos serios, la información exige una alegre variedad: conocimientos, noticias y un poco de cotilleo dan como resultado una ensalada fácil de digerir, aderezada con presentadores populares. Los nuevos conocimientos sobre la capa de ozono, la guerra de Sudán, el destino del puro de Clinton se transmiten con igual profesionalidad. El hecho de que día tras día millones de personas se sienten frente a la pantalla para no perderse ese cóctel de noticias no admite sino una única conclusión: las noticias son caramelos para el pueblo. Probablemente, también venga un poco de opio dentro de la bolsa. Quienes han visto el telediario pueden tomar parte en la conversación a la mañana siguiente. No saben nada, pero, eso sí, están bien informados. Sus valoraciones inmediatas sobre un tema se parecen mucho a una opinión bien fundada. ¿Y quién necesita tener convicciones si de todas formas mañana el tema dejará de ser nuevo y pasado mañana estará olvidado?

*

En la era de la información todos tienen acceso a toda la información en todo momento y en todas partes. Eso es lo que nos prometen. Ya no existe la censura ni el miedo a pisar por primera vez la biblioteca de una universidad prestigiosa. Un profesor de Harvard tiene tantas posibilidades de acceder a la sabiduría como un alumno de una escuela coránica en Egipto o un pastor de cabras mongólico, siempre y cuando todos tengan un PC al alcance de la mano. Basta un clic y... *¡Ábrete, website!*: los tres se convierten en células con los mismos derechos en el gigantesco cerebro de Internet. Información total. Comunicación total. Confusión total.

Así es: si la información no se procesa de forma coherente, produce un efecto contrario al deseado. Se puede tener a la gente en la ignorancia, impidiéndole acceder a la información. Pero también se logra el mismo resultado atiborrándola con un caos de información. Los servicios secretos ponen en marcha campañas de *desinformación* para confundir al enemigo y anular su capacidad de acción. «Desinformación», según la definición de Neil Postman, «significa información confusa –inoportuna, irrelevante, fragmentaria o superficial–, información que nos hace creer que sabemos algo, cuando en realidad nos aparta del saber». Y eso es exactamente lo que nos pasa a nosotros. Sabemos qué aspecto tiene una selva de Papúa-Nueva Guinea, pero no sabemos distinguir una haya de un aliso. Pero ¿qué digo una haya de un aliso? No sabemos distinguir ni una golondrina de una cigüeña. Chateamos con un desconocido de Alaska, mientras la simpática anciana del piso de al lado lleva dos meses muerta frente al televisor encendido. De nuevo Postman: «Uno cree estar abriéndose al mundo y lo paga con la ceguera que le impide ver lo que está al lado». Un revoltijo de *soaps* y *homepages* pretende restituir nuestra patria espiritual. Ningún buscador está ideado para ayudarnos a encontrarnos a nosotros mismos. La información no puede sustituir a la formación. Para emplear correctamente la información es necesaria la formación.

Por otro lado –y para los filósofos siempre hay otro lado–, todo lo nuevo tiene que luchar contra los prejuicios. Pensemos en los comienzos del cine. Cuando las imágenes aún estaban aprendiendo a andar, ¿quién habría podido imaginar algo como *La quimera del oro, Andréi Rubliev* o *Pulp Fiction?* Ni siquiera el libro se ha considerado siempre refugio de la cultura. Sócrates era un enemigo declarado de fijar las ideas por escrito. Decía que los libros atrofiarían la memoria de la juventud. Está claro que en eso tenía razón. Pero las ventajas de la escritura superan con mucho sus estragos. Esperemos, pues, a ver qué nos depara Internet. Además, no nos queda otro remedio.

*

El periódico me ha informado sobre Matt Drudge, un reportero de Internet. Drudge ha difundido rumores escandalosos sobre las prácticas sexuales de Clinton en su periódico sensacionalista virtual. La noticia iba acompañada de tres imágenes: Drudge con sombrero de ala ancha, Clinton con «un inmenso habano» y la señorita Lewinsky sin nada. El resto había que imaginárselo. El resto podía imaginármelo, *quería* imaginármelo. Y, en efecto, me dio mucho que pensar.

Para seguir leyendo, recomiendo (siete veces):

La montaña mágica de Thomas Mann.

17

EL VIAJE

o

Vivir es estar en camino

«Ésta es la maldición y, a la vez, el deleite de viajar, que hace finitos y accesibles los lugares que antes eran infinitos e inalcanzables para ti. Pero esta finitud y accesibilidad te impone barreras mentales de las que jamás te librarás (...) El que ha viajado mucho se apega más al mundo que el que no ha viajado nunca.»

(Max Dauthenday)

«Vivir es ser un forastero que siempre está de viaje.
Y sólo al morir encuentra el camino de vuelta a casa.
El mundo no es más que un albergue por el que pasamos;
durante miles de años sólo el polvo ha quedado.»

(Li Tài-po)

Una mariquita de siete puntos corre sobre un extraño continente de cuero. El terreno es ondulado, las peladas colinas ruedan y brincan. En verdad, se trata del abrigo de cuerto verde oliva que adquirí hace un año en una tienda de ropa de segunda mano de Bremen. Estoy yendo al coche restaurante. Camino a una velocidad normal (unos 2 ó 3 km/h, supongo), mientras el paisaje pasa volando por la ventanilla: una alfombrilla otoñal de retazos, poblaciones sin nombre, pantallas antiruido, túneles. El letrero luminoso que está al final del vagón informa de la velocidad del AVE en este momento: 198 km/h. La pregunta del millón: ¿a qué velocidad se mueve la mariquita?

El movimiento es relativo. El viaje es relativo. Lo fundamental del viaje no es el cambio de sitio, sino el cambio de conciencia. Si alguien fuera transportado por todo el mundo dentro de una caja insonorizada, sin ventanas, no haría un viaje alrededor del mundo. Una persona que durante años va todos los días en tren al trabajo no es un trotamundos. Por otra parte, un viaje con LSD en casa puede ser mucho más emocionante que una expedición al Polo. El habitual camino a la estación se convierte en una aventura si se hace con los ojos cerrados. Viajar es conocerse a sí mismo y a los otros, o, mejor dicho, conocerse a uno mismo conociendo a los otros.

¿No podría ser un poco menos teórico? Sí, perdón.

–Viajar es como ser infiel –dijo Lidia–. Rompes con la rutina diaria. Vuelves a sentir la vida como un hormigueo. Saboreas los días. Ibiza es como una borrachera: el sol, el aire cálido, las noches en la playa, respirar hondo y llenarse de energía, mecer el alma, quizá flirtear un poco, quizá un poco más... –Lidia suspiró–: Aunque la verdad es que cuando llevo mucho tiempo fuera, me gusta volver a casa.

—¿Y pasa lo mismo cuando uno es infiel? —pregunté.

—Tú sabrás.

La miré sorprendido, con cara de inocente:

—¿Yo? Pero si sólo soy infiel cuando estoy leyendo un libro aburrido y me salto unas páginas. Además, después me quedo varios días con remordimientos de conciencia.

—Te cortaré un poco —le dijo Lidia, amenazante, a mi imagen reflejada en el espejo, y empezó a darle quehacer a la tijera. Lidia, mi peluquera, tiene veinte años menos que yo y es de esas personas a las que les encanta viajar.

*

Pero no todo el mundo es aficionado a viajar. La mayoría de la gente odia hacer las maletas. Antes de viajar, tenemos que tomar algún remedio natural para los nervios. Si vamos en coche nos asamos en un atasco, en el aeropuerto estamos de plantón, en el ferry repetimos el menú. Cuando llegamos, nos roban la cámara. La habitación del hotel está llena de pulgas. Los lugareños no nos entienden o —lo que es peor— nos hablan en perfecto español. No, no, está claro que viajar no es un placer; y no sin razón advierte el poeta:

«La obsesión de viajar se apodera de los necios,
mientras el sabio descansa en su lecho».

¡Pero los viajes amplían nuestros horizontes! ¿De verdad? El estoico Séneca no pensaba lo mismo: «¿De qué sirve viajar por viajar? No libera nuestra alma de las pasiones. No aumenta nuestro discernimiento ni repara nuestros errores, sólo nos fascina durante un tiempo con nuevas impresiones, como un muchacho que mira embobado cosas desconocidas. Y el mero darle vueltas a las impresiones de los viajes nos hace mentalmente más débiles y superficiales».

¡Qué gran verdad! La «ampliación de nuestros horizontes» es un autoengaño. Mete a un hombre espabilado en la cárcel y tendrás un libro como la *Consolación de la Filosofía* de Boecio. Envía a un tonto a hacer un viaje alrededor del mundo y tendrás un tonto bronceado. El tonto habrá respirado aire exótico durante algunas semanas y habrá pasado un par de días en el retrete para luego darse tono de conocedor y amante del país extranjero. Pero a duras penas podrá repetir como un loro un par de consejos de guía turístico y pedir un café en un galimatías. Su contacto con la población autóctona se reduce a pagar, dar propina y dejarse robar.

Una peste aún peor, ciertamente, es el mochilero con conciencia misionera que siempre anda a la caza de hospitalidad ingenua y playas vírgenes, y contamina todo lo que dice amar. Es la serpiente del último paraíso, la punta de lanza de la sociedad de la basura, el argumento más fuerte a favor del canibalismo. Los libertinos del siglo XVIII que intentaban curarse de la sífilis teniendo relaciones sexuales con muchachas vírgenes eran de la misma calaña. Prefiero a los clientes fijos del burdel.

214

*

Por lo tanto, la afición a viajar no es ni una virtud ni la clave de la felicidad. No obstante, los sabios del mundo siempre han asumido con mucho gusto las fatigas de los viajes. Los sofistas, Giordano Bruno, Descartes, Leibniz, Wittgenstein: la lista de los filósofos que han viajado mucho es interminable. Sí, realmente la inquietud del excursionista es un rasgo esencial de la filosofía. Como el filósofo lleva encima todo lo que necesita para vivir, puede sentirse como en su casa en todas partes y responder, al igual que Diógenes cuando le preguntaban de dónde era: «Soy un ciudadano del mundo, un *kosmopolítes*».

El príncipe indio Siddhartha lo expresa de un modo más radical: «La vida hogareña es limitada, la casa es el ámbito de la impureza, el hogar del monje mendicante es el cielo abierto. Para quien posee una casa no es fácil emprender la transformación completa, verdadera y absoluta hacia la santidad. Quiero cortarme el pelo y la barba, ponerme el vestido amarillo de los monjes ambulantes y dejar la vida hogareña para vivir sin techo».

El que no tiene más que una habitación, quiere un piso pequeño; el que tiene un piso, quiere una casa; el que tiene una casa quiere una segunda vivienda, una dacha, un castillo. Pero hasta el fabuloso palacio de Kapilavastu era una caseta de perro comparado con el cielo estrellado. El príncipe Siddhartha emprendió el largo camino de la iluminación, y el camino era la meta.

Los otros grandes fundadores de religiones tampoco se quedaron todo el día encerrados en casa. Jesús peregrinó por Palestina predicando y sanando. El apóstol Pablo realizó tres fatigosos y peligrosos viajes misioneros por el Imperio romano de Oriente. La vocación de profeta llevó a Mahoma a correr mucho mundo y no logró el éxito de su religión en su propia tierra, en la Meca –donde a duras penas pudo salvar el pellejo–, sino en Medina, su refugio. Hasta el conservador Confucio pasó muchos años de su vida corriendo mundo para encontrar un buen príncipe que le confiara la administración de su reino.

Sócrates parece ser la única excepción. No emprendió ningún viaje importante y, cuando le procesaron, prefirió la muerte en su ciudad natal, Atenas, antes que un exilio seguro en Tesalia. Cuando su amigo Critón le instó a huir, el filosófo respondió que la noche anterior había tenido un sueño: «Me pareció que venía una hermosa mujer de bella figura, vestida de blanco, y me llamaba y decía: "Sócrates, *dentro de tres días estarás en los fértiles campos de Ftia"*».

Critón creyó que ya le había convencido, pues Ftia está en Tesalia. Pero Sócrates interpretó el sueño de otro modo. El mensaje de la mujer de blanco es una cita de la *Ilíada*. Aquiles, que era de Ftia, se preparaba para el viaje de regreso después de haber luchado con Agamenón, y dijo: «Si Poseidón, que sacude la tierra, me concede un buen viaje, dentro de tres días estaré en los fértiles campos de Ftia. En mi hogar tengo muchas cosas que dejé al venir aquí...»

Aquiles sentía nostalgia. El viejo Sócrates también sentía «nostalgia». No le veía ningún sentido a exiliarse, porque ya estaba «en el extranjero». La Tierra es un gran lugar de destierro, y una ciudad es tan buena como otra. ¿Por qué iba a desperdiciar la oportunidad de retornar antes de tiempo al verdadero hogar, para pasar algunos melancólicos años más en el norte?

Toda la vida, una etapa de la reencarnación; el ser humano, un peregrino; la muerte, un feliz viaje de regreso: estos motivos están presentes en el pensamiento y el sentimiento de los seres humanos desde que éstos intentan comprender su vida. Así que la peregrinación a un sitio concreto –sea la Meca, Lourdes o Ibiza para tomar el sol– quizá sólo sea un acto simbólico. Si vivir significa estar en camino, estar en camino significa vivir. Esto no es necesariamente cierto desde el punto de vista lógico, pero ¿desde cuándo el subconsciente obedece a la lógica?

¿Se puede meter en el mismo saco a los peregrinos y a los veraneantes? Pues yo no veo ninguna diferencia sustancial. Sin duda, los peregrinos de la edad media cristiana fueron los precursores del moderno turismo de masas. Hacia Santiago de Compostela –el lugar de peregrinación más importante, además de Jerusalén y Roma–, caminaban, cabalgaban y cojeaban año tras año cientos de miles de personas. Había libros que informaban, a modo de guías turísticas, sobre las rutas, los hospicios, los víveres y las curiosidades, describían el país y su gente, y advertían de los salteadores vascos. Una gran parte de los peregrinos –entre un cuarto y un tercio– eran mujeres y, como al final del viaje (en la tumba del apóstol Santiago) les esperaba el perdón de los pecados, podían volver a pasarse de la raya una vez más (por lo menos, a la ida). El *souvenir* habitual era la concha jacobea, que documentaba el éxito de la peregrinación (al igual que ahora, el bronceado y las diapositivas).

*

Salir de viaje para llegar a algún sitio y volver en algún momento es una cosa. Y otra muy diferente es ir al encuentro de un peligro, salir en busca de aventuras o viajar al final del arco iris, donde nos espera una marmita llena de oro. En mi primera cartilla estaba la canción de *El pequeño Juanito:*

> «Entra el pequeño Juanito
> en el ancho mundo, solito.
> Va con sombrero y bastón,
> caminando de buen humor».

En la ilustración se veía a un muchacho de mejillas rojas como manzanas, que abandonaba, alegre, su idílica casa paterna. La calle serpenteaba y se perdía en una seductora lejanía. La madre, apoyada en el marco de la puerta, derramaba copiosas lágrimas.

> «Pero la madre está llorando,
> porque Juanito se ha marchado.
> Juanito lo piensa mejor,
> y vuelve a su casa veloz».

Jamás les perdoné a Juanito y a su madre esta segunda estrofa. ¡Qué imbécil! ¿Por qué diablos vuelve? ¿Por qué? ¡Hasta el pequeño Nils Holgersson* tenía más agallas! Y el joven Parzival** nunca volvió la vista atrás cuando a su madre se le partía el corazón. Al día siguiente, ya había ofrecido su primer servicio amoroso en el pabellón de la bella duquesa Jeschute. ¡Bravo! ¡Qué sensación tan fabulosa arrojarse, confiado, a los brazos del destino! «Sabía que en algún punto del camino habría muchachas, visiones, todo; en algún punto del camino me entregarían la perla...», así describe Jack Kerouac su partida de Nueva York. «Así que una mañana tendí por última vez mi confortable cama, cogí mi saco de lona, donde había puesto un par de cosas de primerísima necesidad, y partí con cincuenta dólares en el bolsillo hacia el Océano Pacífico.»

Yo no tenía, literalmente, ni un duro en el bolsillo cuando a los quince años me escapé de casa con dos bolsas de plástico. Pero ¿para qué quería dinero? ¿Y para qué quería un punto de destino? El mundo estaba repleto de princesas y medios reinos. La cabina del camión que me recogió en la autovía se convirtió en la proa del *Argo*. El diesel traqueteaba y en la radio sonaba «House of the Rising Sun». Fue mi momento de gloria, mi venganza tardía del pequeño Juancito. «*There was a house in New Orleans, they called "The Rising Sun"*...» La euforia duró poco, pero

---

* Protagonista de *El maravilloso viaje de Nils Holgersson a través de Suecia* (1907), libro de la escritora sueca Selma Lagerlöff, surgido como un encargo de las autoridades educativas de su país. *(N. de la T.)*
** Protagonista del poema épico homónimo del poeta alemán del siglo XIII Wolfram von Eschenbach, que sirvió de base a Richard Wagner para crear su ópera *Parsifal. (N. de la T.)*

es una pena que estos viajes sólo se puedan hacer una vez en la vida.

*

—¿Y ya no te vas más de vacaciones? —preguntó Lidia, incrédula.

—No, no me apetece. Además, bastante viajo ya —dije yo.

—Yo me muero sin vacaciones —dijo ella—. El año pasado viajé casi cuarenta horas en avión.

—¿Sólo cuarenta? Yo más.

La tijera se detuvo en el aire:

—¿De veras?

—Casi diez mil.

—¿Kilómetros?

—No, horas. Una vuelta completa en la Tierra alrededor del Sol.

—Te cortaré un poco más. Ya verás.

La historia de la mariquita tiene, pues, una continuación. La Tierra, sobre la cual se desliza el AVE, gira sobre sí misma y, a la vez, rueda por el sistema solar. El sistema solar forma parte de un brazo espiral de la vía láctea. Para viajar al centro de la vía láctea se necesitan 250 millones de años, y sin entretenerse por el camino. Y nuestra galaxia también está siempre de viaje: más vale largarse cuanto antes del devastado lugar donde se produjo el *big bang*.

Ahora que lo pienso, sí que hay *un* viaje que me gustaría volver a hacer. El viaje de la famosa «paradoja de los gemelos»: volar a la velocidad de la luz por las

vertiginosas curvas del universo, volver a la velocidad
de la luz y, al llegar, tener la misma edad que Lidia.

Para seguir leyendo, recomiendo:

Viajes y experiencias de Michael Crichton (Barcelona 1991)

18

La guerra

o

¿Es el miedo una virtud?

«Queridos padres: podéis sentiros orgullosos de
mí. Me dan la oportunidad de morir de una manera gloriosa. Éste es mi último día. El destino de mi
patria depende de la decisiva batalla en los Mares
del Sur, y caeré allí como una flor de cerezo...»

(Carta de despedida de un piloto kamikaze)

Uno de mis bisabuelos combatió en 1870 en
Mars la Tour. Mi abuelo conducía una ambulancia
en la primera guerra mundial. Mi padre estuvo a las
puertas de Leningrado en la segunda guerra mundial.
Yo no sentía un impulso irresistible de continuar esta
tradición. Por eso, rellené un formulario de objeción
de conciencia antes de ser reclutado para el servicio
militar. No me costó encontrar un motivo que declarar: la guerra es una auténtica locura, la miseria absoluta, el peor de los males; es Verdún, Stalingrado, Hiroshima y My Lai. ¿Qué argumentos pueden alegarse

a favor de la masacre de millones de inocentes en el campo de batalla? ¿Qué justifica la violación, la mutilación, la devastación y la expulsión? ¡No! ¡Nunca más una guerra! *Make love not war*. Nunca más una guerra, nunca, nunca. Es muy simple. Para un muchacho de 18 años todo es muy simple.

Ahora soy una generación más viejo y esta primavera, cada vez que enciendo la radio, me bombardean con noticias sobre los ataques aéreos a lo que se ha dado en llamar el resto de Yugoslavia. A pesar de que a nuestros políticos no les guste usar esta palabra, la *guerra* reina en plena Europa, y los soldados alemanes participan en ella. Y lo más desconcertante es que esta vez hasta los pacifistas confesos están *a favor*. Los ataques aéreos parecen inevitables, porque no es posible presenciar de brazos cruzados cómo dos millones de albaneses son expulsados de su tierra en las peores condiciones, ¿o no? El fin justifica los tornados. ¿Existe entonces la guerra *moral*?

Todas las guerras son morales, dice el realista. Los que han tenido la intención de librar una guerra siempre han estado dispuestos a echar mano de la moral. ¿Acaso los cruzados tenían mala conciencia cuando partieron hacia Jerusalén para «liberar» el Santo Sepulcro? Al contrario. «Dios así lo quiere», había anunciado el Papa en persona. De modo que fue una suerte de *servicio divino* que el 15 de julio de 1099 los cristianos, presos de la cólera santa, masacraran a más de 50.000 musulmanes y judíos en la Jerusalén conquistada. Hoy en día la voluntad de Dios sigue siendo un argumento muy difundido.

El que no cree en Dios cita a Maquiavelo: «El afán de conquista es algo muy natural y extendido, y siempre que los príncipes que poseen el poder necesario salen a la conquista, se los elogia o, por lo menos, no se los critica». Una guerra ofensiva, opina el filósofo florentino, sólo es reprobable cuando acaba con la derrota; la moral siempre toma partido por los vencedores. Y no estaba muy equivocado.

A los ministros de Defensa de nuestros días les gusta traer a colación *el mal menor* cuando justifican sus guerras. Sólo deciden luchar si sirve para evitar algo peor. Quieren anticiparse a un ataque del enemigo (como los israelíes en la guerra de los Seis Días), poner freno a la expansión de una ideología totalitaria (como los norteamericanos en Vietnam) o impedir un genocidio (como «nosotros, los alemanes» ahora en Kosovo). De esta forma, el agresor se convierte en defensor (de su propia vida, de ideales liberales o de los derechos humanos). Esto bien puede corresponderse con los hechos en casos concretos, pero la justificación tiene un fallo estructural: lo que se pretende evitar mediante la guerra preventiva aún no ha ocurrido y, por consiguiente, siempre es *hipotético*. Con todo, nunca han faltado las hipótesis, de hecho, no faltan en los simulacros de los militares. La primera víctima de toda guerra es la verdad.

*

Actualmente, la guerra nos parece, si no absolutamente condenable, sí altamente sospechosa. Pero no siempre ha sido así. En el inicio de la filosofía occidental, suena la frase: «La guerra es la madre de todas las cosas». Heráclito, el hombre a quien debemos esta escandalosa sentencia, vivió en la época de las guerras médicas o poco antes. En aquellos tiempos aún se luchaba con lanza y espada en apretadas filas, cuerpo a cuerpo, cara a cara, y los guerreros respetaban reglas no escritas que tenían, por así decirlo, un significado ritual. En este sentido, la guerra era más limpia que ahora. No obstante, eso de que «la guerra es la madre de todas las cosas» es una descarada afirmación. ¿Lo destructivo por antonomasia como fuerza creativa? ¿Será que Heráclito sólo hablaba de la guerra en sentido figurado? ¿Habrá querido decir que todo se origina en la oposición, en la contradicción? Nuestra economía se nutre de la lucha por la competencia; nuestra democracia, de la lucha por los votos; la filosofía, de la controversia de opiniones; la justicia, del enfrentamiento entre acusación y defensa.

Todo lo que es unidimensional –el monopolio, el partido único, el dogma– es improductivo. La «guerra» de opuestos es altamente productiva. Esto, aplicado a nuestro tema, significaría que no ganaríamos un ápice si condenáramos la guerra al unísono. ¡Concedámosle, pues, el derecho a un juicio justo!

*

GUERRA Y PAZ (drama judicial en un acto)

LA FILOSOFÍA *(en el estrado del juez):* Se abre el proceso. El abogado de la acusación tiene la palabra.

LA PAZ: Yo acuso: la guerra es la suma de todos los males. Cuando invade la tierra formando el cuarteto apocalíptico, junto con la peste, el hambre y la muerte, aniquila todo lo bueno y valioso dejando tras de sí un desierto humeante, lleno de cadáveres. La «paz», en cambio, es sinónimo de «felicidad». Por algo los seres humanos se han imaginado el paraíso como un refugio de paz. ¿Acaso hay alguna lápida donde esté escrito: «Descanse en guerra»? No, todas las personas anhelan la paz externa e interior. Pero la guerra es la madre de todos los crímenes y merece ser eliminada.

LA GUERRA *(sonriendo con aire de superioridad):* Lo admito: en el Jardín del Edén debe de haber imperado la armonía. Y, según Marx, la sociedad comunista, restaurará el paraíso en la Tierra. Pero eso no son más que ilusiones infantiles. En realidad, es imposible concebir una vida sin conflictos. Platón lo dijo, Hobbes lo confirmó y Darwin aportó pruebas biológicas: la vida es una despiadada *guerra de todos contra todos*. Yo, la Guerra, soy la sana normalidad, y la paz sólo reina si alguna vez me digno a tomar aliento.

LA PAZ: La «guerra de todos contra todos» es una invención filosófica. La humanidad no está compuesta por solitarios asesinos. En las familias predominan el amor y la solidaridad. También dentro de una nación los conflictos se solucionan normalmente de común acuerdo o de manera jurídica. ¿Qué problema habría en que todos los países renunciasen de manera permanente a la violencia? Para eso no hace falta gran cosa (como ya lo sabía Kant): basta con la democratización de todos los Estados, una suerte de policía mundial que vele por el derecho internacional y una educación para el cosmopolitismo.

LA GUERRA *(riendo):* ¿Por qué razón se agrupan los seres humanos? Cinco dedos forman un puño, y con el puño pueden repartirse más golpes. ¿Qué son las naciones sino grandes pandillas de ladrones? Los estados no se asocian en aras de la paz, sino en contra de un enemigo común. Por lo tanto, una alianza global es una contradicción en sí misma, mientras no tengamos que enfrentarnos en una «guerra de los mundos» contra los tomates asesinos del espacio.

LA PAZ *(apasionada):* Si por eso fuera, no nos faltarían enemigos comunes: el hambre, las enfermedades, la destrucción del medio ambiente... En un mundo pacífico podrían combatirse de manera eficaz. Pero las guerras no hacen más que aumentar la miseria y no resuelven ningún problema.

LA GUERRA *(fría):* Que yo sepa, el problema de Hitler no se resolvió haciendo manitas. Además, en este punto es preciso establecer una distinción fundamental: hay guerras criminales y guerras legítimas. Esto vale tanto para las causas de la guerra como para su estrategia. El asesinato no puede equipararse con la legítima defensa, y el campo de batalla no es una tierra sin ley. Existe un derecho de guerra moderno, codificado en las convenciones de Ginebra, que, por ejemplo, protege de los abusos a los prisioneros, a los civiles y especialmente a las mujeres.

LA PAZ: ¡Ésa es una teoría color gris de campaña! Es posible que en otros tiempos la guerra haya sido algunas veces una suerte de medición de fuerzas caballeresca, que no afectaba mucho a la población civil. Pero en la segunda guerra mundial ya morían tres civiles por cada soldado. Y el futuro parece más negro aún. Pues ni las armas atómicas, biológicas y químicas, ni las minas terrestres, distinguen entre los soldados y los niños que juegan. Y la «guerra quirúrgica» de la que se jactan últimamente los estrategas *high tech* no es más que una descarada mentira propagandística.

LA GUERRA *(enfadada):* Eso lo niego rotundamente. Sin embargo, acaba de darme usted una buena idea. A propósito de *high tech:* la guerra ha sido desde siempre un motor del progreso. La porra, la pólvora, el misil de crucero: la amenaza exterior presiona a los pueblos a inventar continuamente armas y herramientas cada vez más inteligentes. El garrote sustituyó al puño cerrado. La honda de David derribó al gigante Goliat. Las legiones romanas difundieron la cultura de la escritura y el WC por toda Europa. La destreza y la astucia triunfaron sobre la fuerza bruta; la estrategia y la disciplina, sobre las masas y la furia ciega. Las guerras modernas se deciden en el ordenador. La victoria siempre está de parte de la innovación. Si no fuera por las guerras, los seres humanos seguirían viviendo en cuevas.

LA PAZ: Exacto. Gengis Kan y Atila, Cortés y Pizarro, Adolf Hitler... todos ellos fueron hombres extraordinariamente creativos y progresistas.

LA GUERRA *(glacial):* Usted no quiere entenderme. Conociéndola como la conozco, sé que tampoco querrá admitir que para muchos hombres la guerra constituye el cumplimiento del sueño de su vida. Los espartanos se adornaban antes de cada batalla, como si fueran a una fiesta. O, si no, piense usted en el *bushido*, el «camino del guerrero» japonés. En la ética del samurai todo estaba dirigido a la fuerza combativa, la lealtad y el desprecio de la muerte en el sentido del budismo zen. La guerra se convirtió en una prueba espiritual. En el pensamiento occidental, la experiencia del frente también ha despertado siempre sentimientos casi religiosos. Así describe Ernst Jünger el entusiasmo que sentía en agosto de 1914:

«Habíamos abandonado las aulas de las universidades, los bancos de escuela y las mesas de trabajo, y en las breves semanas de instrucción nos habíamos fundido en un único y gran cuerpo lleno de entusiasmo. Todos nosotros, que nos habíamos criado en una era de seguridad, sentíamos la añoranza de lo desconocido, del gran peligro. Así que la guerra nos sumió en un estado de embriaguez».

La guerra era la aventura por antonomasia, el gran rito de iniciación, que tenía un matiz claramente erótico: «Nos vimos inmersos en una lluvia de flores, en una embriaguez de rosas y sangre. Estábamos seguros de que la guerra nos daría algo grande, fuerte, solemne. La veíamos como un acto masculino, un alegre combate de tiro en praderas floridas, rociadas de sangre. "No hay muerte más bella en este mundo...". ¡Ay, cómo ansiábamos no quedarnos en casa, participar!»

LA PAZ *(furiosa):* ¡Pues ésas son ideas fascistoides y necrofílicas! Y, además, del todo falaces: los espartanos de los que usted habla eran negreros brutales y tenían una ideología propia de las SS. ¿Y qué se esconde tras el mito de los samurai? La mayoría de ellos no eran más que lansquenetes venidos a menos a los que les gustaba probar sus espadas con los indefensos campesinos de las plantaciones de arroz. Y a los jóvenes muchachos que sentían lo mismo que Ernst Jünger les recomendaría un buen psiquiatra o, si necesitan «algo grande, fuerte, solemne», que escalen una montaña de más de 8.000 metros de altura. Aunque, desde luego, es más fácil matar a un par de personas o soltar una bomba. Ver un hongo nuclear sí que debe imponer mucho respeto. Lástima que los habitantes de Hiroshima y Nagasaki tuviesen tan poco sentido de la espiritualidad.

LA GUERRA *(furiosa):* Por lo menos, uno ha de tener valor para cumplir con sus obligaciones en tiempos de guerra. A mi modo de ver, tras toda la cháchara pacifista sólo se oculta una *cobardía lamentable.* Es absolutamente increíble que, como ocurre hoy en día, confesar el miedo se aprecie como un *signo de valor.* ¡Y el colmo del absurdo es que los *auténticos héroes* se consideren insumisos y desertores! «Imagina que hay una guerra y nadie va a luchar.» A esa clase de personas las mandaría yo inmediatamente a dragar minas.

LA PAZ *(triunfante):* Pero la Constitución dice...

LA GUERRA *(estrangula a la Paz hasta que ésta ya no dice ni pío):* Bueno, ya estamos tranquilos.

LA FILOSOFÍA *(temblando de espanto):* ¡Déjela ya, la está matando!

LA GUERRA *(de buen humor):* ¡No se preocupe! Ya vuelve en sí. La Paz es tan inmortal como usted y como yo.

LA FILOSOFÍA: De acuerdo. En ese caso, me retiro a deliberar. *(Telón).*

*

Einstein y Freud discutieron juntos sobre las posibilidades de liberar a la humanidad del flagelo de la guerra. Einstein recomendaba la creación de una suerte de tribunal de justicia mundial, que se encargase de mediar en todos los conflictos que se presentaran; para eso, todos los Estados debían ceder una parte de su autoridad y facilitar tropas suficientes para imponer el cumplimiento de las sentencias. Sin embargo, en el fondo su tono era escéptico: «En el ser humano anida una necesidad de odiar y destruir. Por lo común, esta tendencia permanece latente y sólo aflora en situaciones de anormalidad. Pero también puede despertarse con facilidad y aumentar hasta convertirse en una psicosis colectiva. Aquí parece residir el mayor problema de todo el funesto conjunto de efectos».

El anciano Freud confirmó el diagnóstico de Einstein, pero, no obstante, vislumbraba un rayo de esperanza: por una parte, la humanidad seguía evolucionando intelectualmente y, por otra, el carácter de las guerras se había modificado dramáticamente. «Quizá no sea una esperanza utópica creer que la influencia de estos dos factores, la actitud cultural y el temor fundado a los efectos de una guerra del futuro, pueda acabar con las guerras en breve.»

Eso ocurrió en el año 1932. Siete años después, Freud moría en el exilio londinense, y Einstein, en una carta al presidente Roosvelt, se pronunciaba en favor de que América fabricase lo antes posible una bomba atómica para anticiparse a Hitler.

No, por más vehementemente que la condenemos, la guerra no será vencida definitivamente ni por los psicoanalistas ni por los filósofos, y menos aún por los pedagogos del movimiento pacifista que convierten las guarderías en seminarios sobre la no violencia. La guerra es inmortal. Y por eso me he arrepentido de no recibir instrucción militar. No es que piense convertirme en un apasionado de la guerra. Pero, en caso de urgencia, me gustaría poder defender por mí mismo lo que amo y considero valioso.

Para seguir leyendo recomiendo:

Sobre la violencia de Hanna Arendt (Méjico 1970).

19

La risa

o

¿Don divino o mueca diabólica?

«Cuando un chiste es realmente bueno,
me da igual a quién ofendo con él.»

(Billy Wilder)

Cualquier persona que tenga el lóbulo cerebral
derecho intacto puede *reírse* de un chiste. *Contar* chistes ya es más difícil. Se requieren dotes histriónicas,
una sana indiferencia y –no debemos olvidar esto– una
buena memoria. Más respeto aún que los que cuentan
chistes me imponen los que los *inventan*. Estos geniales duendecillos del humor existen realmente. Según
dicen, Woody Allen, cuando aún era un tímido alumno de instituto, inventaba entre treinta y cuarenta gags
durante cada viaje en metro. De esta manera, llegó a
tener la labia propia de los monólogos muy consegui-
dos y, además, los periódicos le pagaban cinco dólares
por cada línea publicada. Según he oído, Harald
Schmidt, el presentador «estrella» de la televisión ale-

mana, paga ciento cincuenta marcos por cada gag que le envían. Es decir, que con que a uno se le ocurra tan sólo *un* chiste nuevo, pasable, por día, podría vivir de eso. De modo que merece la pena reflexionar a fondo alguna vez sobre la risa y sus múltiples causas. Y merece la pena doblemente, porque hasta ahora no se ha revelado por completo el misterio del humor. He aquí un tesoro filosófico que aún no ha sido desenterrado.

*

La palabra «humor» no figura en mi diccionario filosófico. También brillan por su ausencia «cómico», «chiste» y «risa». ¿Es que los filósofos no entienden de bromas? ¿O será que las consideran demasiado triviales para dedicarles un estudio minucioso?

La forma en que la filosofía hace caso omiso del humor es tanto más sorprendente cuanto que los primeros filósofos, los antiguos griegos, eran gente reidora. A los dioses homéricos les gustaba emitir una «risa inextinguible». Los Siete Sabios de Grecia brillaban por sus frases graciosas (cuando le preguntaron por qué no había tenido hijos, Tales de Mileto respondió: «Por compasión de los niños»). Pericles veía en la comedia un medio de democratización del pueblo. Los poetas tenían libertad para decir lo que les diera la gana y en sus obras podían poner en ridículo a cualquier político y a cualquier institución. Los pobres recibían dinero del tesoro público para ir al teatro a divertirse. La filosofía tampoco era mortalmente seria. Cuando

Diógenes se enteró de que Platón había definido al hombre como un «bípedo sin plumas», desplumó un galló y lo presentó como un «hombre platónico».

Se terminó con tales chiquilladas el día que Aristóteles dictó a sus discípulos: «Lo ridículo es un defecto ligado a la fealdad, que, sin embargo, no causa dolor ni ruina, así como la máscara ridícula es fea y desfigurada, pero no tiene una expresión de dolor». Así pues, la risa se tildaba de mueca deforme. La máscara de la comedia no era compatible con el ideal filosófico de la belleza, que requería rasgos armónicos y venerables. Al pensador le convenía más una refinada melancolía que una sonrisa pícara o una carcajada. La diversión era para los niños pequeños o los necios adultos.

Pero la degradación del humor no acabó allí. Los primitivos cristianos desenmascararon a la risa como la mueca del mal. El padre de la Iglesia Juan Crisóstomo afirmó con toda seriedad que Jesús nunca había reído y que, en vista de que la vida era un valle de lágrimas, lo más conveniente era que los seres humanos expresaran sus sentimientos lloriqueando y castañeteando los dientes. Únicamente los mártires podían burlarse, pero sólo para fastidiar a sus torturadores. «Hinca el diente, ya estoy a punto», dicen que se mofó el santo Laurentius, mientras sus torturadores le asaban a fuego lento.

En cambio, un simple monje no tenía motivo alguno para reír. Hasta los inofensivos chistes de monjas eran oficialmente tabú. La Regla benedictina rezaba: «Pero condenamos en todo momento y lugar las diversiones frívolas y el cotilleo tonto o que mueve a risa, y no permitimos a nuestros discípulos que abran la boca para decir cosas semejantes».

De haber podido, los puritanos de la época de Cromwell habrían prohibido estrictamente las bromas y habrían hecho de cada inglés un Buster Keaton. El filósofo Thomas Hobbes escribió que cualquier tipo de risa era una demostración de arrogancia y estupidez. Para los hombres cultos, el chiste era sucio, inquietante e infantil, era el desagradable bufón del intelecto, un pecado del espíritu, un pariente de la locura. Con su pueril alegría, el gracioso socavaba el orden intelectual y social. Sin embargo, vivir dentro de ese orden era una obligación impuesta por Dios, no un cachondeo. Hasta la temprana Edad Moderna, los que ignoraban esta verdad, como los bromistas que divertían al pueblo llano en las ferias, estaban en el nivel más bajo de la escala social. Con una estrella de la televisión, a lo sumo hubiesen tenido trato las putas y los verdugos.

No fue sino hasta el Renacimiento que el humor cobró nueva vida. El ingenioso y frívolo *Decamerón* de Bocaccio entusiasmó a Italia. Las antiguas comedias se tradujeron al lenguaje popular y conquistaron los escenarios. De inmediato aparecieron imitadores modernos. Geniales escritores satíricos como Aretino gozaban del favor de los príncipes. El papa León X en persona se divertía en el teatro. Las risotadas de Roma se extendieron por toda Europa. Cervantes, Shakespeare y Rabelais crearon sus obras inmortales. Éste último concibió a su *Gargantúa* bajo el lema:

«La risa es el sumo bien del hombre».

La frase adquiere importancia filosófica, si tenemos presente que para Platón «el sumo bien» era el ideal de los ideales, a partir del cual debían medirse todas las cosas terrenales, y que para los teólogos medievales «el sumo bien» era un sobrenombre de Dios. Rabelais anunció a sus contemporáneos nada menos que la revolucionaria *apoteosis del humor*.

*

Nosotros, los hijos de esa revolución, vivimos en una evolucionada cultura de las bromas. En todos los periódicos, tiras cómicas, caricaturas y comentarios; en el cine, la última película de Woody Allen (*Celebrity*); en la televisión, la *sitcom* nuestra de cada día (con o sin risas enlatadas) y, para dormir, el *late night show*. Café-teatro en los sótanos, *nonsense* en los pabellones feriales, gags en las vallas publicitarias. Un omnipresente megamercado del humor. Un tipo de humor para cada gusto y cada falta de gusto. A unos les divierten los *comedy-show*, a otros les va la nueva *sex symbol* alemana, y hay quienes prefieren algo más refinado. El humor es algo muy personal. Por algo Sigmund Freud lo interpretó como un pariente lejano del sueño. Contar un chiste es como dejar una tarjeta de visita. Dime cuál es tu chiste favorito y te diré quién eres.

Mi chiste favorito transcurre en el Lejano Oeste y dice así (desde ya le advierto que se trata de un chiste decididamente intelectual, un metachiste, por así decirlo, casi un *koan,* y la mayoría de la gente tarda varios minutos en captarlo):

Un caballo entra en la taberna, va trotando hasta la barra y pide un whisky: «¡Con trece cubitos, por favor!». El barman sirve el vaso y lo desliza por la barra. El caballo intenta coger el vaso, pero sus patas son tan torpes que el vaso se cae. ¡Pum! El whisky se derrama, y los cubitos de hielo ruedan por el suelo. El caballo se pone a lamerlos, uno tras otro. Pero sólo encuentra doce.

¿Qué, lo ha cogido? ¿No? Pues entonces grite tres veces con todas sus fuerzas: «¡Chiste, entrégate, estás rodeado!»

*

¿Qué es lo que nos hace reír? Immanuel Kant opinaba que «para que algo provoque una risa intensa, estremecedora, debe tener algo de absurdo». Y: «La risa es un arrebato que resulta de la repentina transformación de una gran expectativa en nada». Un contraste sorprendente hace oscilar el alma, como la pulsación de una tecla hace oscilar la cuerda de un piano. Para ilustrar esta idea, he aquí una joya del humor de doble sentido:

Un espía nazi se encuentra con un judío y grita: «Heil Hitler!»* *El judío murmura: «¡Ni que fuera yo psiquiatra!»*

Los dibujos rompecabezas muestran dos dibujos en uno y animan al ojo a «cambiar bruscamente de

* El saludo oficial nazi *Heil Hitler* ("¡Viva Hitler!") significa literalmente "¡Cura a Hitler!". *(N. de la T.)*

dirección». Según la teoría de Kant, el atractivo del chiste reside en una *idea* rompecabezas. Cuando nuestra atención comienza a oscilar debido a la ambivalencia de la palabra «*Heil*», esa vibración se transmite al diafragma, el diafragma activa el pulmón, y reímos con ganas hasta que la alegría comienza a disminuir paulatinamente.

Éste es un ejemplo clásico de chiste, aunque no el único:

— *Mamá, ¿cuándo volveremos a comer lengua?*
— *Nngnnggg, nngnnggg.*

El género del chiste de horror no se basa en el juego de palabras, sino en la incongruencia entre la monstruosidad de la situación y su presentación lapidaria y fría, entre el sentimiento y la razón.

El horror constituye el oscuro trasfondo del chiste, al igual que un nubarrón hace que el relámpago se destaque como una luz deslumbrante.

— *¡Señora Meier, señora Meier, a su marido lo ha atropellado una apisonadora!*
— *Estoy duchándome. Pásemelo por debajo de la puerta, por favor.*

Para que esta clase de chistes surtan efecto, deben contarse poniendo una cara exageradamente seria, y cualquier intento de explicación sería un crimen.

Esto último vale para todos los chistes. Un chiste explicado es un chiste estropeado. El chiste es una suerte de acertijo, y el chiste se entiende cuando se resuelve el acertijo. Theodor Lipps ha dado en el clavo con este principio: «El chiste dice lo que dice, no siempre en pocas palabras, pero siempre en *menos de las necesarias*». El siguiente chiste casi es un cuento breve, pero la gracia no podría ser más lacónica ni la solución del acertijo más desconcertante:

> *Una joven soltera ingresa en el hospital de Boloña con dolores de parto y le suplica al médico:*
> *— ¡Ayúdeme! ¡Si vuelvo a casa con el niño, mi padre me matará!*
> *El médico la tranquiliza y le promete encontrar una solución. Casualmente, el arzobispo de Boloña acababa de ser sometido a una operación de apéndice en aquel mismo hospital. Cuando despierta de la anestesia, el médico está junto a su cama:*
> *— ¡Su Eminencia, ha ocurrido un milagro! ¡Ha dado usted a luz un niño!*
> *Desde luego, el arzobispo no podía negar que los milagros existen. De modo que acepta al niño. El niño crece en el palacio arzobispal y se convierte en un joven robusto. Cuando cumple 18 años, el arzobispo lo llama y le dice:*
> *— Hijo mío, hoy has alcanzado la mayoría de edad. Ha llegado la hora de que sepas cuál es tu verdadero origen. Siempre has creído que yo era tu padre, pero no es cierto. En realidad, soy tu madre. Tu padre es el arzobispo de Pisa.*

*

He contado este chiste para plantear el problema de la ética. ¿De qué cosas puede uno reírse con la conciencia tranquila? ¿Se les puede tomar el pelo a los homosexuales? ¿Se puede hablar mal de los dignatarios católicos? ¿Entra el arzobispo de Boloña dentro de la protección a las minorías? ¿Y qué hay de los minusválidos, los extranjeros y los judíos? Por más triste que sea, muchos chistes se cuecen en el horno de vetustos clichés y, a su vez, perpetúan dichos clichés. Hasta el más inaudito de los prejuicios pone al público de su parte ocultándose bajo la máscara del chiste:

— *¿Qué es lo más complicado de la operación*
  de cambio de sexo de hombre a mujer?
— *La extracción del cerebro.*

O, para devolver la pelota:

  En el centro de trasplantes de cerebro:
— *Si los cerebros de los hombres son más grandes que*
  los de las mujeres, ¿por qué cuestan la mitad?
— *Es que están casi sin usar.*

¿Dónde acaba la guasa inofensiva y empieza la difamación, la discriminación, el preludio de futuros pogromos y guerras? Goebbels era un virtuoso de la campaña humorística. Y cuando los ingleses se preparaban para la guerra de las Malvinas, los periódicos estaban llenos de chistes de argentinos.

— *¿Cómo es la bandera de guerra argentina?*
— *Una cruz blanca sobre fondo blanco.*

Un enemigo ridiculizado es un enemigo medio derrotado.

¿Puede uno reírse de estos chistes? Cuando la difamación va precedida de un cálculo político, más vale que la risa se nos quede atragantada en la garganta. Un chiste puede ser malvado, pero nunca debería servir como medio para un mal fin. Un chiste que se pone al servicio de la propaganda o del acoso moral pierde la inocencia y merece ser silenciado.

De todas formas, sería absurdo prohibir los chistes difamatorios. En ninguna situación prospera tanto el chiste como en la censura. No nos queda más remedio que seguir conviviendo con los chistes racistas, chovinistas y de mal gusto que, aunque no sean graciosos, tienen una ventaja: nos previenen de los tipos racistas, chovinistas, oportunistas e irreflexivos.

*

Ahora bien, no es imprescindible un chiste ingenioso para reír. Basta con que alguien pise sin querer una caca de perro y, maldiciendo, busque con la vista un sitio con césped. A los transeúntes, este tipo de cosas les parecen «graciosas». El filósofo Henri Bergson emprendió la heroica tarea de explicar lo cómico en términos abstractos: según su experiencia, lo cómico siempre sale a la luz cuando se realiza una actividad natural con rigidez mecánica (nos imaginamos un regimiento marchando al paso de la oca) o cuando se sigue una rutina fija sin tener en cuenta la situación (pensamos en la película *Dinner for One).* Pero ¿esta definición abarca lo cómico en su totalidad? No, también existe, por ejemplo, una comicidad verbal. El hecho de que un niño pregunte inocentemente: «¿Jesús resucitó porque quería comer huevos de Pascua?» es cómico, cómico a pesar suyo. Los chistes y el humor requieren voluntad y conciencia.

*

El humor es el colmo de la risa. Humor es cuando te ríes *aunque no haya motivo*. Humor es cuando el que tiene la caca en el zapato se ríe más que nadie. O en las bien escogidas palabras de Wilhelm Busch:

> «Un pajarito está atrapado en una trampa,
> por más que aletea, no puede volver a casa.
> Un gato negro se acerca sigilosamente,
> con las uñas afiladas, los ojos ardientes.
> Va trepando por el árbol cada vez más alto
> poco a poco al pobre pájaro se va acercando.
>
> El pájaro piensa: no hay nada que yo pueda hacer,
> tarde o temprano el gato me va a comer,
> lo mejor será que no pierda más tiempo
> y me ponga a trinar hasta el último momento,
> silbaré alegre como solía hacerlo hasta hoy.
> Creo que el pájaro tiene sentido del humor.»

El mundo está lleno de cacas de perro. Y cada persona es un pájaro que ha caído en la trampa de la vida. Si uno puede reírse de sí mismo y del mundo *aunque no haya motivo*, es porque el espíritu humano no está atrapado ni en sí mismo ni en el mundo. La víctima de la caca de perro puede mirarse con los ojos de los otros y hacer que su propia rabia le parezca graciosa. El ser humano consagrado a la vejez, la enfermedad y la muerte puede mirarse, por así decirlo, con los ojos de la eternidad: como una criatura diminuta y efímera, que es absolutamente insignificante, pero se considera tremendamente importante. El humor fuerza los límites de nuestra existencia, elevándonos por encima de la impotencia y la desesperación. Sí, podría decirse que el humor es una forma instintiva de la fe religiosa, una filosofía redentora de las entrañas, de cuyas palpitantes profundidades se eleva al cielo nuestra risa –igual a un pájaro liberado– y, más allá de las nubes, se funde con la inextinguible risa de los dioses homéricos.

*

Quien ríe último, ríe mejor. Y el que mejor se ríe de todos es el que se muere de risa. Por eso, para terminar, una exquisitez con la que me he muerto de risa miles de veces:

En un compartimiento de tren viajan una mujer con un pinscher y un hombre que fuma un gran puro. Dice la mujer:
– Oiga, que aquí no se puede fumar.
El hombre no reacciona. La mujer abre la ventanilla de un golpe, le arrebata el puro de la boca y se lo tira por la ventana. Entonces el hombre coge el pinscher y también lo tira por la ven-

tana. En la siguiente estación, se bajan los dos. ¿Y quién viene andando por las vías? El pinscher, con la lengua fuera. ¿Y qué lleva en el morro?

¡El cubito número trece, desde luego!

Para seguir leyendo recomiendo:

Risa redentora: la dimensión cómica de la experiencia humana, de Peter L. Berger (Barcelona 1999)

20
El lenguaje
o

El disfraz de los pensamientos

«La auténtica patria del ser humano es el lenguaje.»

(Wilhelm v. Humboldt)

El lenguaje es el padre de todos los malentendidos. Cuando acabó la guerra y los ingleses ocupaban el norte de Alemania, los «Tommys»* llegaron un día hasta la finca del tío abuelo Ferdinand. Dos soldados jóvenes exigieron, descorteses: «¡Eggs, Eggs!». El tío abuelo Ferdinand, como todos los campesinos de la marisma del Elba, sólo hablaba dialecto y un poco de alto alemán. Corrió a la leñera y trajo el «Äx», la gran hacha recién afilada. Los soldados levantaron los fusiles y, si la tía abuela Hedwig no se hubiese interpuesto... El caso es que los soldados emprendieron la retirada con una cesta de huevos, y el tío abuelo Ferdinand se tomó un trago de cúmel para reponerse del susto.

* Apodo de los soldados ingleses en la primera y la segunda guerra mundial. *(N. de la T.)*

La filosofía del lenguaje comenzó con un malentendido similar.

Los egipcios se creían el pueblo más antiguo del mundo. El rey Psamético II (594-588 a.C.) decidió probar experimentalmente esta tesis. Mandó traer dos recién nacidos y se los confió a un pastor. Le pidió que los pusiera en una habitación vacía, que hiciese que sus cabras los amamantaran y –lo más importante– que se ocupase de que en su presencia no se pronunciara *ninguna palabra humana*. El rey suponía que, protegidos de esta forma de las influencias externas, los pequeños desarrollarían *espontáneamente* un lenguaje. Dicho lenguaje se parecería al lenguaje primitivo de los seres humanos, y ese lenguaje primitivo desvelaría cuál era el primer pueblo que había habitado la Tierra.

Al cabo de dos años, el pastor se presentó en la corte con sus dos pupilos. Por lo visto, ya habían aprendido a hablar, puesto que balbuceaban la palabra: «bekos». Sólo esa palabra. En egipcio no existía la palabra «bekos». Así que el rey les preguntó a los sabios lingüistas si esa palabra podía provenir de algún otro país. Al fin, se descubrió lo que se quería saber: en la lengua de los frigios, que vivían en el Asia Menor, «bekos» quería decir pan. La hipótesis parecía razonable, ya que los niños extendían los brazos cada vez que pronunciaban esa palabra. Al parecer, tenían hambre. Con el corazón dolorido, el rey declaró a los frigios el pueblo más antiguo del mundo.

En aquella época aún no existían los premios Nobel. De lo contrario, Psamético hubiese sido un firme candidato. Su experimento marcó un hito en la investigación antropológica. Por primera vez se habían visto los paralelismos entre la *filogenia*, el origen de la especie humana, y la *ontogenia*, el desarrollo particular del individuo, y por primera vez el lenguaje había pasado a ocupar el centro del interés científico.

*

Y sigue ocupándolo desde entonces, pero su origen aún está por aclarar. Algunos, como el renombrado paleoantropólogo Richard Leakey, sostienen que el *homo erectus* de frente plana ya podía hablar y que los primeros seres humanos, cuando salieron de África para conquistar la Tierra hace 1.600.000 años, llevaban tres grandes adelantos en su equipo de marcha: el fuego, el pico y la conversación. En cambio, el estadounidense Jared Diamond pone las manos en el fuego por la teoría de que nuestro complejo lenguaje surgió hace menos de 100.000 años en una «explosión creativa», y el *homo erectus*, en el mejor de los casos, emitía algunos gruñidos aislados que requerían un gran esfuerzo de interpretación.

Tan incierta como la fecha del origen del lenguaje es la situación que lo originó. Según la *teoría «guau guau»*, el lenguaje surgió por imitación de los ruidos del entorno y las voces de los animales. Según la *teoría «ay»*, el punto de partida lo constituye la expresión instintiva del dolor, el deseo o el asombro. La *teoría «hale hop»* concibe a los hombres primitivos arrastrando el cadáver de un pesado animal al tiempo que entonan un rítmico «canto» al estilo de los marineros. La más romántica es la *teoría «tandaradei»* del danés Otto Jespersen. Según dicha teoría, el lenguaje se desarrolló a partir del juego y el cortejo, acompañando –y progresivamente reemplazando– al despioje afectuoso.

Sobre el lenguaje primitivo pueden hacerse múltiples especulaciones. Todo es posible. Sin embargo, podemos partir de la base de que el médico y filólogo flamenco Johann G. Becanus estaba equivocado cuando afirmaba (y probaba etimológicamente) que el paraíso estaba en Alemania, que Adán hablaba teutón sin acento e, incluso, que el Antiguo Testamento era originalmente alemán y más tarde Dios –por el motivo que fuese– había encomendado su traducción al hebreo.

*

Al contrario de la filogenia, que debe reconstruirse a partir del descubrimiento de huesos, la ontogenia puede observarse en un objeto de estudio que gatea y masculla, y documentarse por medio de una cinta y un bloc de notas. Sin embargo, la forma en que los niños pequeños adquieren el lenguaje sigue siendo un milagro. Sin duda, la lengua se *aprende*. En los primeros años de vida, el niño necesita alguien que le hable. Sólo así se pone en marcha ese proceso que hace palidecer de envidia a los alumnos de los cursos de idiomas para adultos: sin una enseñanza metódica, sin conocimientos gramaticales y sin empollar vocabulario, *de algún modo* el niño empieza a hablar. Los niños de tres años ya entienden unos 3.000 conceptos. Por lo visto, la enorme receptividad para el lenguaje es una capacidad innata de todos los seres humanos, pues las diferencias de inteligencia casi no desempeñan ningún papel en este proceso. Y quizá los niños normales hablen antes que los futuros genios.

En 1970, una niña de 13 años entró en un departamento de asistencia social de Los Ángeles de la mano de su madre minusválida grave. La niña tenía un aspecto completamente descuidado y varios años de retraso físico y mental. Cuando se descubrieron las causas de su estado, la reacción unánime fue la perplejidad y la compasión. «Genio» –es decir, «Duende», que así era como llamaban las asistentes sociales a la niña– había vegetado doce años, sola, en una habitación oscura, atada a un retrete por su padre desequilibrado mental. Cada vez que emitía un sonido, le pegaban o la insultaban. La madre (que evidentemente también era una víctima indefensa) no había podido ayudarla. El padre se mató de un tiro cuando lo procesaron por maltrato infantil. De todos modos, para «Genio» la salvación llegó demasiado tarde. Al parecer, el cerebro sólo está preparado para «abrirse» al lenguaje durante los primeros años de vida. Luego, la puerta queda obstruida, y todos los esfuerzos por abrirla no redundan más que en escasos progresos. La inteligencia también queda estancada en un nivel primitivo. Probablemente, a «Genio» le hubiera ayudado poder entenderse por gestos durante su cautiverio. El lenguaje no está sujeto a las ondas sonoras. Todos los sistemas de signos que transportan información pueden abrir las puertas del lenguaje. Eso fue lo que favoreció a la pequeña Helen Keller, que a los diecinueve meses perdió la vista y el oído a causa de una meningitis. Helen parecía condenada a pasar la vida en estado de estupefacción. Pero a su institutriz se le ocurrió una brillante idea: escribirle palabras *en la palma de la mano*. Años más tarde, Helen Keller se doctoró y se convirtió en una escritora de fama mundial.

*

El padre de la Iglesia san Agustín de Hipona debe de haber tenido una memoria de elefante, ya que en sus memorias afirma recordar cómo aprendió a hablar: «Cuando los adultos nombraban un objeto y, al tiempo que pronunciaban ese sonido, se acercaban a una cosa, yo la miraba y me daba cuenta de que mediante el sonido pronunciado nombraban el objeto que querían mostrarme... Así fui aprendiendo poco a poco el significado de las palabras que oía con frecuencia en distintas frases y posiciones; me esforzaba por reproducir exactamente esos signos con mi boca y así expresaba mis propios deseos».

Tras esta descripción se esconde una teoría, la llamada *teoría del objeto* del significado: las palabras son «signos de las cosas». A cada objeto le corresponde uno (o más) signos, y viceversa. Esta teoría explica cómo adquieren significado las palabras «ventana», «perro» o «nariz». ¿Pero qué pasa con «después», «nunca», «significado» o «ser»? ¿Y cómo hizo el pequeño san Agustín para aprender las declinaciones y el ablativo absoluto?

El método del dedo índice no deja de tener cierto encanto en situaciones elementales («¡Yo, Tarzán! ¡Tú, Jane! ¡Esto, liana!»), pero en cuanto se complica un poco el contexto se vuelve limitado. Todo lo que ocurre realmente entre «mamá», «mamá dulce» y «mamá, ¿las vacas se ríen?» ha sido y sigue siendo un misterio. Lo único que se ha llegado a saber es que la *creatividad* es un factor fundamental en este proceso. El niño *juega* con las palabras y las estructuras, de la misma forma que juega con los cubos de madera. Sin necesidad de planos. Pues, cuando los padres ambiciosos obligan al niño a construir «correctamente» las oraciones, *disminuye* la velocidad de aprendizaje.

*

El ámbito de aplicación limitado no es el único inconveniente de la teoría del objeto. Ludwig Wittgenstein, el fundador de una nueva filosofía del lenguaje, escribe en crítica alusión a san Agustín: «En el lenguaje coloquial es harto frecuente que una misma palabra designe distintas cosas (...) o que dos palabras que designan cosas distintas se empleen aparentemente de la misma manera en la proposición».

A modo de ejemplo, Wittgenstein cita distintos usos de la inocente palabra «es».

1) Puede expresar *identidad: Bill Clinton* es *el 42º presidente de Estados Unidos*. Este «es» equivale a un signo de igualdad. Las expresiones «Bill Clinton» y «el 42º presidente de Estados Unidos» son intercambiables.

2) Puede expresar que algo es un *elemento de un conjunto: Bill Clinton* es *estadounidense*.

3) Puede expresar que *un conjunto* forma *parte de otro conjunto*: *Todos los presidentes de Estados Unidos* son *estadounidenses*. Los presidentes son un subconjunto del pueblo.

4) Puede expresar *existencia: Bill Clinton* es. Este uso intensivo –que equivale a «Bill Clinton existe»– puede darse en congresos de filosofía («El ser es.») y en caso de asentimiento (¡Eso *es!).*

*

Normalmente, el lenguaje es un mar de ambigüedades. La situación se vuelve harto confusa cuando se trata de palabras como «amor». Uno puede decir: «Amo el mar», «Amo a mis enemigos» o «Te amo, querida» En cada uno de estos casos, la palabra «amar» representa un sentimiento completamente diferente. Y el espectro de significados de «Te amo» va desde «Daría la vida por ti» hasta «¿Te quedas a desayunar?». Así que hay que tener mucho cuidado con las «grandes» palabras. No siempre que se dice «amor» se siente amor. Y nunca es exactamente a *el amor,* al que uno se refiere.

«El lenguaje disfraza los pensamientos», decía Wittgenstein. «Es decir que a partir de la forma exterior de la vestimenta no se puede deducir la forma del pensamiento vestido (...) De ahí surgen las principales confusiones (de que está llena toda la filosofía).» Y él proponía: «Para evitar estos errores, debemos emplear un lenguaje de signos que excluya dichos errores». Los holgados e imprecisos vestidos del lenguaje cotidiano deberían reemplazarse por las ceñidas expresiones de un lenguaje lógico-formal.

Este proyecto suponía un distanciamiento de la filosofía tradicional. Pues «la mayoría de las preguntas y proposiciones de los filósofos se basan en que no entendemos la lógica de nuestro lenguaje. Y no es de extrañar que los principales problemas *no* sean realmente problemas...». Eso fue una revolución. A los 25 años, Wittgenstein definió los dos mil años de historia de la filosofía europea como algo «absurdo». Los estilitas, desde Sócrates hasta Hegel, fueron puestos en evidencia como impostores que, con una descomunal inversión de materia gris y lámparas de aceite, no habían producido otra cosa que ostentosas pompas de jabón. Según Wittgenstein, la filosofía debía tener un carácter radicalmente distinto: «Toda filosofía es una "crítica del lenguaje"». Es «una lucha contra el hechizo que los medios de nuestro lenguaje provocan en nuestro intelecto».

*

Alguien podría quedarse cavilando y preguntar: «Pero ¿merece la pena entonces seguir estudiando a Platón, Descartes o Leibniz?». Wittgenstein respondió que no. Yo *no* estoy de acuerdo con él, pues parto del siguiente razonamiento:

¿Es imprescindible la precisión lingüística? En los libros de texto, los contratos y las instrucciones de uso, sí. El autor debe prever las consecuencias de sus palabras, como el golpe en el billar, puesto que el objetivo que se pretende alcanzar está claro. En cambio, una conversación animada entre amigos se parece más bien a un partido de fútbol en el que se va pasando el balón. Para que haya conversación, los que oyen tienen que seguir atentamente las palabras del que habla y, por así decirlo, salir a su encuentro. Ningún pase llega con precisión milimétrica. Pero esos pequeños malentendidos no constituyen un problema. Al contrario, son la sal de la conversación. En efecto, la transmisión de información es sólo *una* de las funciones del lenguaje, el placer del ir y venir de la transmisión puede llegar a ser igualmente importante. A mí me divierte jugar al fútbol, no porque me pasen la pelota, sino porque me muevo. La conversación también sirve como diversión.

Ahora bien, al leer textos antiguos de filosofía, surge un problema peculiar. Los autores –como san Agustín– escribieron para *su* época, no para nosotros. Con el paso de los siglos, cambió la manera de hablar y de pensar, es decir, cambiaron de sitio las troneras de la mesa de billar. Ésa es la razón por la que a menudo no nos llegan los mensajes de tiempos pasados. En esos casos, solemos echarle la culpa al autor, cuando nuestro deber sería invertir el juego y salir nosotros a su encuentro. El valor de los textos antiguos no reside tanto en la información específica que podamos obtener de ellos, sino en la posibilidad que nos ofrecen de viajar en el tiempo, de adentrarnos en una cultura lejana y abrirnos al pensamiento de una persona que vivió en un mundo totalmente diferente.

El estudio de la filosofía, cuando se realiza correctamente, amplía el horizonte mental más que ninguna otra cosa. Y es posible que necesitemos un horizonte más amplio, ya que el lenguaje no sólo es la vestimenta de los pensamientos, sino también su camisa de fuerza. Únicamente podemos pensar *en el lenguaje*.

El único modo de escapar de nuestra jaula lingüística es aprender lenguas extranjeras. Pues, más allá de los puntos en común, cada lengua constituye un universo propio. Y hay tantas lenguas fascinantes... Chino, hopi, sánscrito, el lenguaje de las matemáticas, la música, el lenguaje de los sordomudos, el lenguaje de las flores... (y el romántico Novalis apuntó una vez: «El trato prolongado con una persona le enseña a uno a entender el lenguaje del rostro (...) Podría decirse que los ojos son un *piano de luz»).*

Para seguir leyendo recomiendo:

Enciclopedia Cambridge del lenguaje de David Crystal (Madrid 1994).

21

La filosofía

o

Meditaciones en el estadio

«Cuanto más sabe uno de filosofía,
más ansioso se vuelve por saber lo que falta.»

(Plutarco)

El anuncio publicitario de una cafetera inteligente gorgotea: *«Nuestra filosofía se llama innovación».*
Desde luego, no nos referimos a esta clase de «filosofía». Ni tampoco al departamento de filosofía universitaria, que disecciona momias filosóficas y, por tanto, más bien debería llamarse «patología filosófica». (Se
establece una distinción entre arte e historia del arte,
entre literatura e historia de la literatura. Sólo la filosofía universitaria confunde el pensamiento vivo con
la inspección de cadáveres.) No, nosotros no queremos ni peroratas de diseño ni necrofilia académica.
Queremos lo que la filosofía era originalmente...

*

Primavera en la tierra del ouzo y de Metaxás. Los hoteles están completos o son demasiado caros. Miro a mi alrededor: no hay moros en la costa. Tiro mi saco de dormir por encima de la valla de tela metálica de la altura de un hombre y luego trepo. Uno, dos... salto y aterrizaje crujiente en la maleza. Las ciudades fantasma son inquietantes. Pero una ciudad de los dioses a la luz de la luna tampoco está nada mal, en lo que al factor horror se refiere. ¿Y si las excavaciones arqueológicas están vigiladas por la noche? ¿Y si cuando ya es demasiado tarde sueltan dentro del estadio un par de perros de presa que me desgarran en fragmentos en un instante como le sucedió al presocrático Actaion?

Con sentimientos dispares, me atrevo a abandonar el amparo de los árboles. Ante mí, desierto, enmohecido por la luz de la luna, el santuario de Olimpia; a mi derecha, las ruinas sombrías de los templos y tesauros; a mi izquierda, el extenso estadio. Entro en el estadio pasando por debajo de los arcos y me busco un sitio en el terraplén de hierba que sirve de tribuna para el público. Hace 2.750 años, compitieron aquí por primera vez atletas de toda la Hélade a ver quién corría más, y a partir de ese acontecimiento (776 a.C.) contaban los años los antiguos griegos. Estoy sentado, solo con mis pensamientos, en la cuna del deporte y en el punto de partida de la cronología occidental; en la tierra de Hércules y Píndaro, en la fuente de la filosofía occidental...

*

Cuando la filosofía vino al mundo, se asombró por primera vez (de sí misma). «¿Quién soy?», se preguntó. «¿Y qué hago aquí?». Como había nacido en Grecia, estableció la siguiente comparación:

El mundo es un estadio. En la pista, hay atletas que compiten por la victoria y el honor; en las puertas del estadio y en las tribunas, los vendedores de aceitunas y de agua intentan ganarse la vida; y, por último, están los espectadores, que observan lo que pasa, con indiferencia o interés. Estos últimos se parecen a los filósofos. La filosofía observa la vida activa desde la distancia, lo mira todo, se forma una opinión, y su pasión es hablar de temas filosóficos.

La venerable comparación se tambalea.

Es cierto que la filosofía tiene mucho que ver con la observación (en griego «contemplación» se dice *theoría*), pero más o menos la mitad de la contemplación filosófica es introspección. La filosofía no sale del asombro ante sí misma o, mejor dicho, siempre vuelve allí. Esto puede interpretarse como una crisis de identidad permanente o como una determinación de la posición, igual a la que debe efectuar regularmente un capitán en alta mar.

Sea como sea, debemos imaginarnos al visitante filosófico del estadio con unos prismáticos en una mano, a través de los cuales observa a los corredores y vendedores, y un espejo en la otra, con el que se mira mientras mira.

Hay otro aspecto en el cual la comparación da justo en el clavo: a los espectadores no les basta la mera curiosidad. Quien mira una carrera sin participar en ella, se pierde lo esencial. El auténtico fan participa en la carrera, comparte las alegrías y los sufrimientos de los corredores. La filosofía tampoco se queda sentada. La observación del mundo como finalidad en sí misma puede que sea la solución para algún que otro estoico de sangre fría, pero la mayoría de los filósofos consideran la contemplación como una fase previa necesaria para mejorar el mundo o perfeccionar al ser humano, y les va la vida en ello. «Los filósofos sólo han *interpretado* el mundo de distintas maneras, pero de lo que se trata es de *cambiarlo*», escribió Karl Marx, como si anunciara una novedad sensacional. En realidad, la filosofía ha sido desde siempre revolucionaria y utópica.

Una semilla puede crecer hasta convertirse en un árbol y hacer estallar rocas con sus raíces. Un trozo de vidrio que concentra la luz del sol en una hoja seca puede desencadenar un espantoso incendio forestal. Una idea urdida por un tipo raro entre cuatro paredes puede poner el mundo patas arriba. El hombre de acción suele mirar por encima del hombro al holgazán pensativo (si es que lo ve). Y mientras tanto quizá esté llevando a la práctica algo que los soñadores y escépticos de generaciones anteriores concibieron como posibilidad.

*

Quien domina los sentimientos y los pensamientos, domina a los seres humanos. Los poderosos lo saben mejor que nadie y, por eso, siempre han mirado con recelo a los filósofos, los han echado del país o los han contratado como prestigiosos bufones. Algunos de los pensadores más famosos se han salvado por los pelos del martirio (y otros no).

¿Por qué ajusticiaron a Sócrates? ¿Porque hablaba como una cotorra y no dejaba trabajar a la gente? Si hubiese sido por eso, en Atenas pronto se habría producido una escasez de cicuta. La acusación oficial era: «Sócrates infringe la ley al pervertir a los jóvenes y no venera a los dioses que venera la ciudad de acuerdo con las costumbres, sino a otros seres divinos nuevos». Resumiendo: se le acusa del «delito de incendio espiritual». Éste es un reproche que suele hacerse a aquellos que se consideran bomberos morales.

Platón estaba un día en el mercado de esclavos de la isla Egina. ¡Pero en oferta! Dio la casualidad que un viejo amigo suyo se encontraba en el mercado, lo compró en subasta por dos mil dracmas y lo llevó de vuelta a Atenas. El filósofo se encontraba en tan precaria situación debido a su compromiso político. Había criticado a Dionisio I de Siracusa (conocido como el huraño tirano de la ópera *Die Bürgschaft* de Schiller), por gobernar según caprichos despóticos. Dionisio dio la respuesta típica del tirano: «¡Te arrepentirás de esto en la cruz!» Fue sólo a instancias de sus consejeros que indultó al filósofo y lo mandó al mercado de esclavos.

Los coqueteos de Voltaire con el poder también estuvieron a punto de tener un desenlace trágico. Durante años, Voltaire intercambió exaltadas cartas de alabanza con Federico el Grande. En 1736, Federico, que en aquel momento aún era príncipe heredero de Prusia, escribió a su ídolo: «Monsieur, en su carta traza usted el retrato de un príncipe perfecto en el que no me reconozco (...) Tendré presente ese retrato como modelo y haré todo lo posible por ser el digno discípulo de un maestro que sabe enseñar tan maravillosamente.»

Años más tarde, cuando Voltaire aceptó la invitación de Federico a Potsdam, comprobó que la filosofía y el poder no son harina del mismo costal y acabó huyendo. Sin embargo, los esbirros de Federico le prendieron poco antes de que alcanzara la frontera francesa, lo metieron en la cárcel y lo desvalijaron. Al final, tuvo que darse por satisfecho con que les permitieran salvar el pellejo a él y a su compañera.

A los filósofos –tanto si se distinguían como educadores de los poderosos o como educadores de la especie humana– siempre les ha gustado meterse en política. Volviendo a la analogía del estadio olímpico, los filósofos se corresponden más bien con los entrenadores y los árbitros que, en efecto, observan, pero no sin participar. Consideran que su tarea es hacer triunfar a sus favoritos o velar por el correcto desarrollo de los juegos.

*

Y en las gradas también hay gente extraña que se interesa más por sus prismáticos que por el espectáculo deportivo. ¿Cómo es que todo se ve más grande mirando por los oculares? ¿Por qué todo se reduce cuando se les da la vuelta los prismáticos? ¿De qué tamaño son los corredores *en realidad*? ¿Cómo funcionan los prismáticos? ¿Cómo funciona el ojo? ¿Cómo funciona el cerebro?

El que formula estas preguntas es un *teórico del conocimiento* (un *epistemólogo*).

Otros especialistas disponen de estadísticas de juegos anteriores. Las comparan con lo que pasa actualmente y discuten si el deporte ha mejorado o empeorado. Son los *filósofos de la historia*.

Un par de tipos raros afirman que el mejor modo de valorar los juegos es con los ojos cerrados. Son los *místicos*.

Los intereses de la gente que está en las tribunas son tan diversos como las actividades que se llevan a cabo en el césped. En un principio, en los Juegos Olímpicos sólo había una competición: las carreras en el estadio. Ahora las decisiones individuales son incontables. Igualmente dinámico es el desarrollo de la filosofía. La llamada «filosofía práctica» incluye todo lo que se relaciona con la vida humana: la antropología, la filosofía política, la filosofía del derecho y la ética, la filosofía de la religión, la eudemonología («teoría de la felicidad»), la filosofía de la historia, y más cosas parecidas.

A su vez, dentro de cada disciplina hay muchas orientaciones distintas, algunas de las cuales tienen nombres fantásticos. Por ejemplo, la epistemología incluye el deductivismo, el inductivismo, el falibilismo, el empiriocriticismo, el pragmatismo, la teoría evolutiva del conocimiento, etc., etc.

Si se observa atentamente, se ve que cada cabeza original hace brotar una nueva rama en el frondoso árbol de la filosofía, y en cada rama crecen hojas: las pálidas páginas de la literatura secundaria, con abundantes notas al pie. El árbol impresiona por su edad y su tamaño; no obstante, se alzan algunas voces que sostienen que el tronco está hueco, que en los frutos anida el gusano, y que, además, el árbol no es más que una gigantesca mala hierba.

*

El siglo XX fue un completo desastre para la filosofía. Mientras las ciencias naturales celebraban progresos vertiginosos, los filósofos se veían obligados a admitir que estaban acabados. Todo lo que tenían para oponer a Darwin, Einstein, Freud, Turing, Crick y Watson eran un par de esotéricos que cultivaban su jerga. Los grandes intentos por transformar el marxismo en una política práctica costaron millones de víctimas y condujeron al estancamiento cultural y la quiebra económica. Los mejoradores del mundo transformaron el mundo en un infierno. Rousseau, Schopenhauer y Nietzsche fueron llevados ante los psicoanalistas. Dos de los principales filósofos del siglo, Wittgenstein y Popper, declararon la bancarrota de la filosofía tradicional. ¿Es que 2.500 años de filosofía no eran más que una grotesca crónica de conclusiones equivocadas y falta de competencia lingüística? ¿Había que tirar 2.500 años de filosofía a la basura? ¡Con calma! La realidad puede ser muy distinta, y en tres sentidos.

*

En primer lugar, la historia de la filosofía también puede verse como una historia jalonada de éxitos: al principio, la filosofía comprendía disciplinas como la física, la cosmología, la psicología, la sociología, etc. No fue sino hasta el siglo XVIII, cuando la totalidad del saber se volvió inabarcable, que la filosofía fue dando cada vez más independencia a sus hijas. Las hijas desarrollaron sus propios métodos e hicieron carrera. Ante los comentarios de la madre anticuada reaccionan con susceptibilidad adolescente. Se avergüenzan de su origen, pero lo cierto es que el presocrático Demócrito esbozó la teoría atómica, el escolástico Grosseteste describió el *big bang*, y Leibniz no sólo inventó «el mejor de los mundos posibles», sino también el ordenador.

En segundo lugar, no habría que mezclar churras con merinas. La ciencia natural es, por naturaleza, impersonal: el resultado de un experimento sólo adquiere validez cuando otros investigadores obtienen idénticos resultados con el mismo experimento. En cambio, la filosofía se nutre de «tipos» como Diógenes, Nietzsche y Feyerabend, que cultivaron su visión muy personal y poco convencional de las cosas. Por eso, la filosofía tiene muchos puntos en común con el arte y la literatura. ¿Y acaso existe progreso en tales ámbitos? ¿Bernhard es mejor que Shakespeare? ¿Baselitz es superior a la pintura rupestre?

En último lugar, el valor de la filosofía se pone de manifiesto, sobre todo, en la vivencia subjetiva. Allí donde las ideas no son un producto sin rostro de la mente, sino la expresión y la *impronta* de una personalidad única, la filosofía despliega toda su fuerza, capaz de cambiar la vida. La autodeterminación del sujeto en la decisión existencial tiene un efecto mayor que cualquier verdad abstracta. Lo universal es insignificante frente a la enfermedad, el amor, la muerte y la culpa. En el filosofar subjetivo todo gira en torno a la pregunta «¿Quién quiero ser?».

Al alpinista no le interesa mucho que alguien conquiste las montañas más altas. Lo que quiere es conquistarlas *él mismo*. Lo que cuenta no es el hecho, sino la experiencia. Cada cima que corona es también una victoria sobre sí mismo, un paso más allá de sus propios límites, que abre nuevos horizontes. Lo mismo les sucede a los filósofos con su deporte mental.

*

Y así volvemos a Olimpia. Bajo de la tribuna y recorro el estadio ida y vuelta. La luna es un cronómetro roto. Pero ¿a quién le interesa ya el tiempo exacto? Participar es lo más importante. También en filosofía. En unas ruinas donde antaño se erguía el tesauro de Gela, desenrollo mi saco de dormir.